Chakren und Organe

Funktionen und Lage
Zusammenhänge und Entwicklungen

Kontakt: www.HarryEilenstein.de
Harry.Eilenstein@web.de
Harry Eilenstein bei youtube

Herstellung und Verlag: BoD- Books on Demand , Norderstedt

ISBN: 9783751968676

für Naropa

Inhaltsverzeichnis

I Bewußtsein und Materie   **6**

II Das Chakrensystem   **9**

    1. Das Zentral-Chakra   9
    2. Die Hauptchakren   10
    3. Die Nebenchakren   13
    4. Die Zwischenchakren   15
    5. Die „Lebenskraft-Kanäle"   19
    6. Die Außenchakren   21
    7. Aufbau des Chakrensystems   23

III Organe und Chakren   **25**

    1. Das Verdauungssystem   26

        a) Mund b) Speiseröhre c) Magen d) Zwölffingerdarm
        e) Bauchspeicheldrüse f) Leber und Gallenblase g) Dünndarm
        h) Blinddarm und Wurmfortsatz i) Dickdarm j) After

    2. Das Atemsystem   31

        a) Mund b) Nase c) Luftröhre d) Lunge

    3. Das Blutsystem   34

        a) Herz b) Adern c) Milz d) Knochenmark

    4. Das Nierensystem   36

        a) Nieren b) Harnleiter c) Blase d) Urin-Öffnung

    5. Das Fortpflanzungssystem   38

        a) Eierstöcke b) Gebärmutter c) Scheide d) Hoden e) Penis
        f) Nabel und Nabelschnur

    6. Das Nervensystem   41

        a) Großhirn b) Kleinhirn c) Rückenmark d) Nervenbahnen

    7. Das Drüsensystem   43

        a) Zirbeldrüse b) Hypophyse c) Schilddrüse d) Nebenschilddrüsen
        e) Thymusdrüse f) Nebennieren g) Nebennierenrinden
        h) Milchdrüsen/Brüste

    8. Die Sinnesorgane   46

        a) Sehsinn b) Hörsinn c) Geruchssinn d) Geschmackssinn
        e) Tastsinn f) Temperatursinn g) Schmerzsinn h) Gleichgewichtssinn

9. Das Lymphsystem 49

10. Das Knochensystem 50

11. Das Muskelsystem 50

12. Die Haut 50

IV   Chakren und Organe   **51**

1. Die Chakren und die Organe 51

2. Die zweifachen Organe 54

3. Die klassische Zuordnung 58

4. Übersicht 59

V   Praktischer Nutzen   **61**

Bücherverzeichnis 62

I Bewußtsein und Materie

Über das Verhältnis zwischen Bewußtsein und Materie kann man viel dicke Bücher schreiben. Da dies jedoch nicht das zentrale Thema dieses Buches ist und ich dieses Thema u.a. in „Magie-Forschung für Anfänger" ausführlich beschrieben habe, folgt hier nur eine kurze Beschreibung des grundlegenden Modells, auf der die folgenden Betrachtungen immer wieder Bezug nehmen.

Dieses Modell hat drei Elemente:

1. Die Materie ist eine Vielheit. Wenn man sie jedoch immer genauer untersucht, findet man letztlich die Raumzeit, deren Formen („Krümmungen") die Energiequanten und die Elementarteilchen sind, aus denen sich alles zusammensetzt. Die moderne Physik beschreibt die Welt als eine Einheit, die im Alltag als Vielheit erscheint.

Die Materie ist die Außenseite der Welt.

Die Wirkungsweise der Materie ist die Kausalität.

2. Das Bewußtsein ist letztlich eine alles umfassende Einheit, die jedoch durch Bewußtseinsgrenzen in kleinere Einheiten untergliedert ist. Diese Grenzen kann man durch Meditation, Telepathie, Magie u.ä. erweitern und dann schließlich wieder die Einheit des Bewußtseins in allen Dingen erleben.

Das Bewußtsein ist die Innenseite der Welt.

Die Wirkungsweise des Bewußtseins ist die Magie.

3. Die Lebenskraft ist der Übergang zwischen dem Bewußtsein und der Materie, zwischen Innen und Außen. Sie ist keine Substanz, sondern ein bestimmter Ort in der Welt – eben die Stelle, wo das Bewußtsein auf direkte Weise die Materie wahrnimmt, also per Telepathie und nicht per Sinnesorgane. An dieser Stelle wirkt das Bewußtsein auch direkt auf die Materie: Telekinese.

Es gibt nur eine Welt, aber diese Welt hat eine Innenseite (Bewußtsein) und eine Außenseite (Materie).

Ihre Innenseite ist eine Einheit: das alles verbindende Bewußtsein. Ihre Außenseite ist eine Vielheit: die alles unterteilende Materie. Die Berührungsstelle zwischen beiden ist die Lebenskraft, die sich in einer symmetrische Form organisiert: das Chakrensystem.

Es gibt also die komplexen Strukturen der materiellen Außenwelt – den eigenen Körper; dann die Einheit des Bewußtseins der Innenwelt – das eigene Wachbewußtsein; und schließlich die Lebenskraft, d.h. die Stelle, an der das Bewußtsein und der

Körper aufeinander wirken – das eigene Chakrensystem.

Wenn das Bewußtsein auf den Körper wirkt, läuft dies über die Chakren – wenn der Körper auf das Bewußtsein wirkt, läuft dies ebenfalls über die Chakren. Der Bereich des Austausches zwischen dem Bewußtsein und dem Körper geht stets über das symmetrisch aufgebaute Chakrensystem vor sich – das Chakrensystem ist die „Klebestelle" zwischen Bewußtsein und Materie.

Das Chakrensystem ist somit auch der „Dolmetscher" zwischen Bewußtsein und Materie. Dadurch, daß etwas in der „symmetrischen Sprache" des Chakrensystems formuliert wird, ist es sowohl für das Bewußtsein als auch für den Körper verständlich.

Man kann daher zum einen das Verhältnis des Bewußtseins zu dem Chakrensystem betrachten und zum anderen auch das Verhältnis des Chakrensystems zum Körper untersuchen.

Den ersten dieser beiden Punkte (Bewußtsein – Chakren) habe ich schon ausführlich in meinem Buch „Das Chakrensystem mit den Nebenchakren" beschrieben. Die Betrachtungen in diesem Bereich beziehen sich vor allem auf die Psyche, die Psychosomatik, das Sozialverhalten, auf Meditation, Magie u.ä.

Der zweite dieser beiden Punkte (Chakren – Körper) wird in dem vorliegenden Buch erforscht. Er bezieht sich vor allem auf die Aufgaben der verschiedenen Organe und ihren Zusammenhang mit den Chakren.

Beides gehört natürlich zusammen: Der erste Punkt beschreibt z.B. die psychologischen Aspekte einer Krankheit, während der zweite Punkt die physiologischen Aspekte einer Krankheit betrachtet.

Die Symmetrien, die den Übergang von Bewußtsein und Materie prägen, lassen sich in der Welt an vielen Stellen finden:

- Das Chakrensystem hat eine Zentrums-Symmetrie. Der Aufbau des Chakrensystems entspricht dem Aufbau eines Sonnensystems.

- Der Tierkreis hat eine Kreis-Symmetrie. Der Aufbau des Tierkreises entspricht dem Aufbau eines Superstrings (das grundlegende Element der heutigen Physik).

- Der Tierkreis hat eine Kreis-Symmetrie. Die zwölf Tierkreiszeichen entsprechen von ihrer Qualität her den zwölf grundlegenden Elementarteilchen der Physik.

- Die astrologischen Aspekte ergeben sich aus den Abständen der Tierkreiszeichen im Tierkreis und haben daher auch eine Kreis-Symmetrie. Die

Qualitäten der Winkel in der Astrologie („Aspekte") entsprechen den Qualitäten der Winkel in der Physik.

- Der Lebensbaum hat dieselbe Dreischritt-Symmetrie, die sich auch im Tierkreis findet. Die Struktur des kabbalistischen Lebensbaumes (elf Grundelemente) entspricht dem Aufbau der Superstringtheorie und enthält genau dieselben elf Grundelemente in der elfdimensionalen mathematischen Beschreibung.

usw.

Diese Auflistung dient lediglich als Hinweis dafür, daß es viele verschiedene Symmetrien an dem Übergang zwischen Bewußtsein und Materie gibt – die jedoch alle miteinander verwandt sind. Diese Symmetrien werden in meinem Buch „Physik und Magie" sowie dem bereits genannten Buch „Magie-Forschung für Anfänger" genauer beschrieben.

Für das Verständnis der Zusammenhänge zwischen den Chakren und den Organen sind die genazere Kenntnisse dieser verschiedenen Symmetrien jedoch nicht erforderlich.

II Das Chakrensystem

Das Chakrensystem habe ich (wie bereits gesagt) ausführlich in „Das Chakrensystem mit den Nebenchakren" dargestellt. Das Folgende ist eine sehr kurze Zusammenfassung dieses Buches, die lediglich eine grundlegende Orientierung und einen groben Überblick über die verschiedenen Chakren bereitstellen soll.

II 1. Das Zentral-Chakra

Das **Herzchakra** ist das Zentrum des Chakrensystems. In ihm befindet sich die Identität eines Menschen – es ist der „Tempel der Seele". Es befindet sich in der Mitte der Brust und ist mit dem Tiefschlaf-Bewußtsein und somit auch mit der Stille-Meditation verbunden.

Das Herzchakra

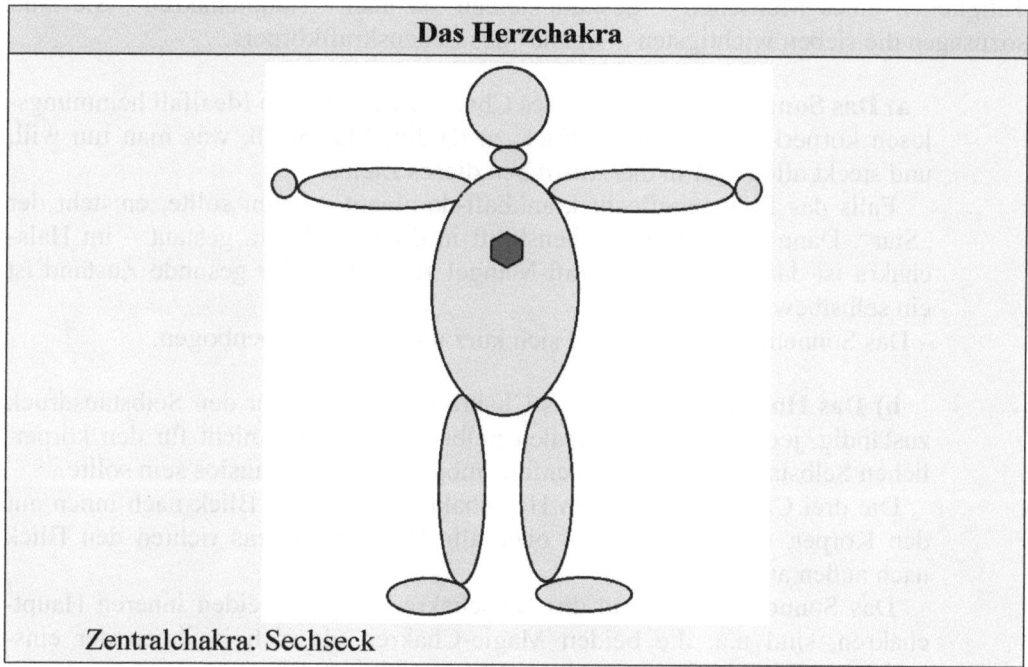

Zentralchakra: Sechseck

II 2. Die Hauptchakren

Die Hauptchakren sind die sieben bekannten Chakren, in deren Mitte sich das Herz-chakra befindet. Von unten nach oben sind dies: Wurzelchakra, Hara, Sonnengeflecht, Herzchakra, Halschakra, Drittes Auge und Scheitelchakra. Da diese Chakren symme-trisch mit dem Herzchakra in ihrer Mitte aufgebaut sind, werden sie im folgenden vom Herzchakra aus in drei Schritten nach außen hin beschrieben:

- die beiden Impuls-Chakren Sonnengeflecht und Halschakra,
- die beiden Form-Chakren Hara und Drittes Auge, sowie
- die beiden Kontakt-Chakren Wurzelchakra und Scheitelchakra.

Dieser Dreischritt „Impuls – Form – Kontakt" ist das Grundprinzip, nach dem das Chakrensystem (und auch der Tierkreis und der kabbalistische Lebensbaum) aufge-baut sind.

Die Hauptchakren verkörpern die grundlegenden Eigenschaften, Fähigkeiten und Tätigkeiten eines Menschen – deshalb heißen sie auch „Hauptchakren". Sie sind sozusagen die sieben wichtigsten „Organe" des Lebenskraftkörpers.

a) Das Sonnengeflecht: Dieses Chakra ist für den im Idealfall hemmungs-losen körperlichen Selbstausdruck zuständig. Man weiß, was man tun will, und steckt alle Kraft in das Anstreben dieses Zieles.

Falls das Sonnengeflecht krankhaft-dominant werden sollte, entsteht der „Star". Dann hat sich die Lebenskraft in diesem Chakra gestaut – im Hals-chakra ist dann ein Lebenskraft-Mangel zu finden. Der gesunde Zustand ist ein selbstbewußter Mensch.

Das Sonnengeflecht befindet sich kurz unter dem Rippenbogen.

b) Das Halschakra: Dieses Chakra ist ebenfalls für den Selbstausdruck zuständig, jedoch für den sozialen Selbstausdruck und nicht für den körper-lichen Selbstausdruck – der ebenfalls möglichst hemmungslos sein sollte.

Die drei Chakren unter dem Herzchakra richten den Blick nach innen auf den Körper, die drei Chakren oberhalb des Herzchakras richten den Blick nach außen auf die Welt.

Das Sonnengeflecht und das Halschakra, also die beiden inneren Haupt-chakren, sind u.a. die beiden Magie-Chakren, da sich in ihnen der eins-gerichtete Wille befindet: Man will etwas und das will man mit ganzer Kraft. In diesen beiden Chakren ist dieser Wille noch eng an die eigene Identität (Herzchakra) angebunden und daher allgemein: Man will die Welt kennen-lernen, man will eine Beziehung finden, man will ein Haus besitzen usw.

Falls das Halschakra krankhaft-dominant werden sollte, entsteht der „Fan". Dann hat sich die Lebenskraft in diesem Chakra gestaut – im Sonnengeflecht ist dann ein Lebenskraft-Mangel zu finden. Der gesunde Zustand ist ein selbstbewußter Mensch.

Das Halschakra befindet sich am Kehlkopf.

c) Das Hara: Nach diesen beiden Energie-Chakren folgen nun die beiden Form-Chakren – die beiden mittleren Hauptchakren. Im Hara wird der körperliche Selbstausdruck zu dem inneren körperliche Halt. Dieser innere Halt ist das erste, was man im Kampfsport lernt – und was man auch im täglichen Leben überall braucht: mit beiden Füßen fest auf der Erde stehen können und sich nicht gleich von dem ersten Windstoß umwerfen lassen. Im Hara wird der allgemeine körperliche Selbstausdruck zu konkreten körperlichen Haltungen. Dies ist das Prägen der Umgebung durch die eigene Haltung und die eigenen Handlungen.

Falls das Hara krankhaft-dominant werden sollte, entsteht der „Täter". Dann hat sich die Lebenskraft in diesem Chakra gestaut – im Dritten Auge ist dann ein Lebenskraft-Mangel zu finden. Der gesunde Zustand ist ein Mensch, der seine Kraft kennt, bejaht und sie sinnvoll, elastisch, elegant und daher effektiv einsetzt.

Das Hara befindet sich vier Finger breit unter dem Nabel.

d) Das Dritte Auge: Hier findet sich dasselbe wie im Hara, nur im sozialen Bereich. Die sozialen Formen, die das Dritte Auge erschafft, sind die Orientierung und die Kooperation. Dies ist der Blick nach außen, zu dem anderen.

Falls das Dritte Auge krankhaft-dominant werden sollte, entsteht das „Opfer". Dann hat sich die Lebenskraft in diesem Chakra gestaut – im Hara ist dann ein Lebenskraft-Mangel zu finden. Der gesunde Zustand ist ein Mensch, der seine Kraft kennt, bejaht und sie sinnvoll, elastisch, elegant und daher effektiv einsetzt.

Das Dritte Auge befindet sich zwischen den Augenbrauen.

e) Das Wurzelchakra: Die beiden äußeren Hauptchakren sind für den Kontakt zur Welt zuständig. Das Wurzelchakra ist der körperliche Kontakt.

Falls das Wurzelchakra krankhaft-dominant werden sollte, entsteht der „Süchtige". Dann hat sich die Lebenskraft in diesem Chakra gestaut – im Scheitelchakra ist dann ein Lebenskraft-Mangel zu finden. Der gesunde Zustand ist ein satter Mensch, der in der Geborgenheit des Urvertrauens ruht.

Das Wurzelchakra befindet sich zwischen Genitalien und After.

11

f) Das Scheitelchakra: Das Scheitelchakra ist der soziale und geistige Kontakt zur Welt.

Falls das Scheitelchakra krankhaft-dominant werden sollte, entsteht der „Asket". Dann hat sich die Lebenskraft in diesem Chakra gestaut – im Wurzelchakra ist dann ein Lebenskraft-Mangel zu finden. Der gesunde Zustand ist ein satter Mensch, der in der Geborgenheit des Urvertrauens ruht.

Das Scheitelchakra befindet sich zwischen oben auf dem Kopf.

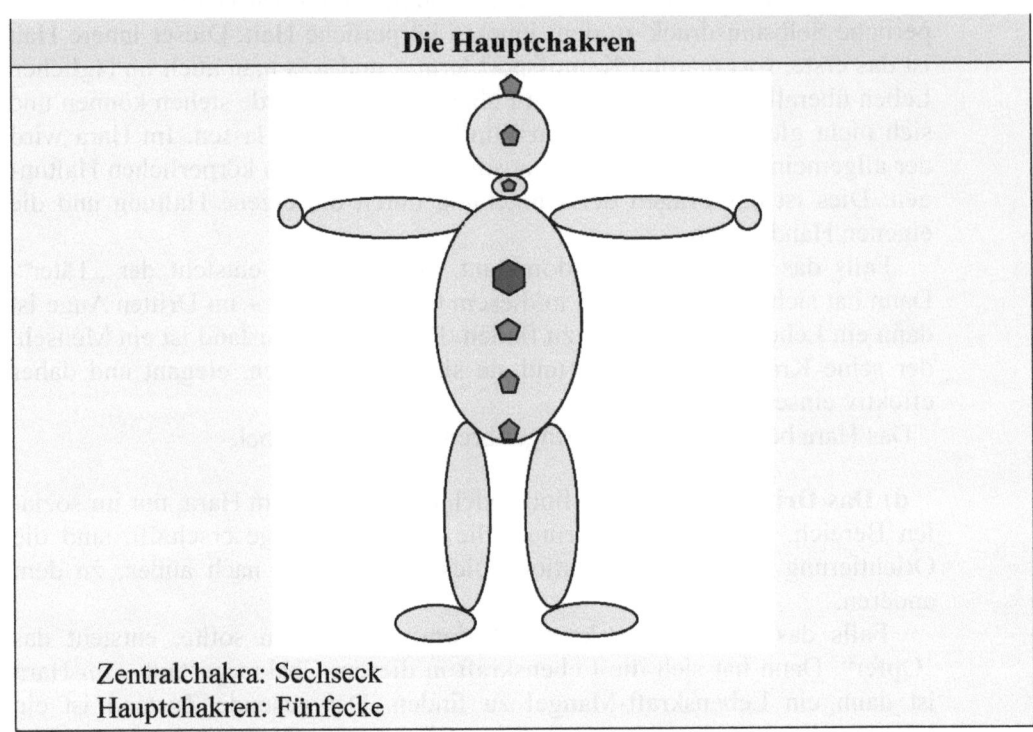

Die Hauptchakren

Zentralchakra: Sechseck
Hauptchakren: Fünfecke

II 3. Die Nebenchakren

Dieselbe Folge aus drei Chakren (innen – Impuls; Mitte – Form; außen – Kontakt) wie im Körper findet sich auch an den Armen und Beinen.

a) Die Oberschenkel-Nebenchakren: Diese Chakren stellen die Impulse in die Welt hinein dar, die zu einer Ortsveränderung führen.

b) Die Oberarm-Nebenchakren: Diese Chakren stellen die Impulse in die Welt hinein dar, die zu einer Handlung an einem Ort führen.

c) Die Unterschenkel-Nebenchakren: Diese Chakren stellen die konkrete Form der Bewegung in der Welt an einem bestimmten Ort dar.

d) Die Unterarm-Nebenchakren: Diese Chakren stellen die konkrete Form der Handlung in der Welt an einem bestimmten Ort dar.

e) Die Fußchakren: Diese Chakren stellen den Kontakt mit der Welt an einem bestimmten Ort dar.

f) Die Handchakren: Diese Chakren stellen den Kontakt mit einem Wesen oder einer Sache in der Welt dar, die durch eine Handlung verändert werden soll.

Die Nebenchakren

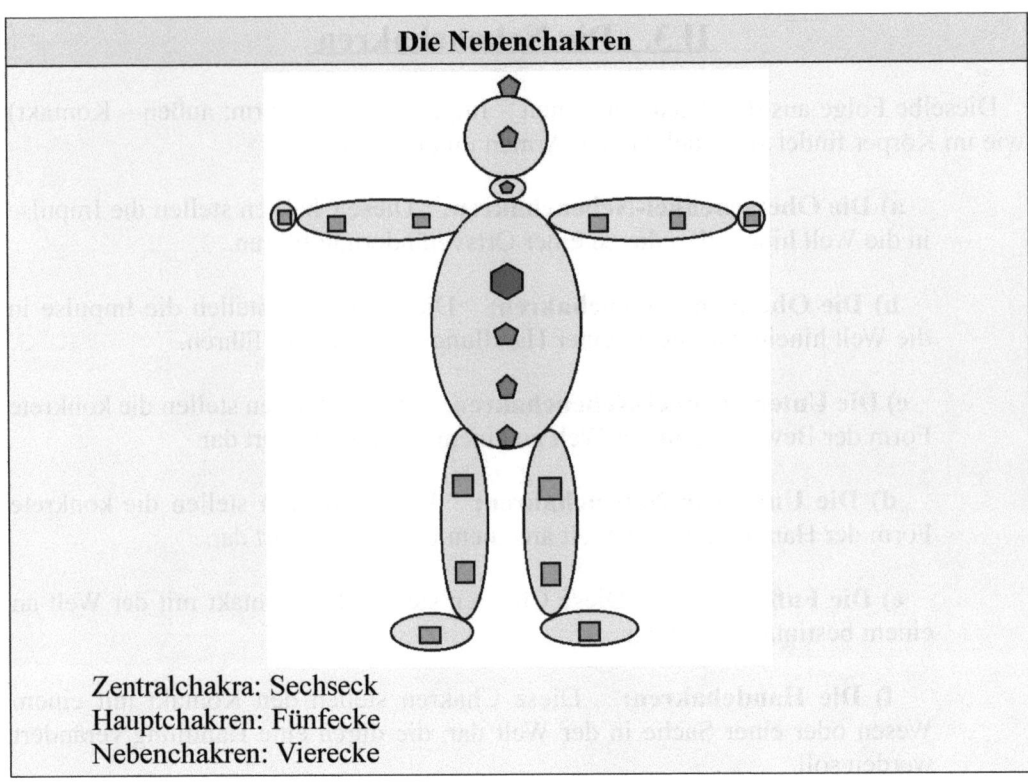

Zentralchakra: Sechseck
Hauptchakren: Fünfecke
Nebenchakren: Vierecke

II 4. Die Zwischenchakren

Diese Chakren sind deutlich unbekannter als die Haupt- und Nebenchakren und sie haben auch einen anderen Charakter. Während die Haupt- und Nebenchakren die Identität eines Menschen sowie seine Impulse, Formen und Kontakte enthalten, sind die Zwischenchakren die Tore an den Grenzen zwischen den Bereichen der Haupt- und Nebenchakren. An ihnen wird daher etwas durchgelassen, etwas aufgehalten oder etwas verwandelt.

Man kann die Haupt- und Nebenchakren als Hauptstädte von Königreichen ansehen, die eine Grenze zu ihren Nachbarländern haben. In diesen Grenzen befinden sich die Zwischenchakren – sozusagen Grenzübergänge. Dort wird geprüft, was durchgelassen wird, was aufgehalten wird und vor allem, was wie verwandelt wird:

- vom Herzchakra nach außen: Konkretisierungen zu Handlungsimpulsen,
- von außen zum Herzchakra: Verallgemeinerungen zu Erkenntnissen.

Zwischenchakren zwischen Identitäts und Impuls

a) Das Wunschbaum-Zwischenchakra: Dieses Zwischenchakra liegt unten am Brustbein und begrenzt den Herzchakra-Rippenbereich nach unten hin. Es ist der Übergang von der Identität (Herzchakra) zum körperlichen Selbstausdruck (Sonnengeflecht). Dies ist ein Tor zwischen dem Zentrum (Identität) und den allgemeinen Impulsen (inneres Chakra).

Hier wird die Identität zu Impulsen, man will leben, erleben, sich bewegen, etwas tun – dies ist das Chakra, an dem die Wünsche entstehen. Man tut einfach und erprobt die eigenen Fähigkeiten.

b) Das Thymus-Zwischenchakra: Dieses Zwischenchakra liegt oben am Brustbein und begrenzt den Herzchakra-Rippenbereich nach oben hin. Es ist der Übergang von der Identität (Herzchakra) zum sozialen Selbstausdruck (Halschakra). Dies ist ein Tor zwischen dem Zentrum (Identität) und den allgemeinen Impulsen (inneres Chakra).

Auch hier entstehen Wünsche, die sich jedoch nicht wie beim Wunschbaum auf das Selbst-Erleben, sondern auf das Erleben von anderen Menschen und mit anderen Menschen beziehen. Man zeigt sich anderen und spricht sie an.

c) Die Hüftgelenk-Zwischenchakren: Dieses Zwischenchakra liegt am Hüftgelenk. Es ist der Übergang von der Identität (Herzchakra) zu den Bewegungen im Raum (Oberschenkel-Nebenchakren). Dies ist ein Tor zwischen dem Zentrum (Identität) und den generellen Impulsen (inneres Chakra).

Auch hier entstehen Wünsche – Besuche, Reisen, Wanderungen, Umzüge und ähnliches.

d) Die Schultergelenk-Zwischenchakren: Dieses Zwischenchakra liegt am Schultergelenk. Es ist der Übergang von der Identität (Herzchakra) zu den Handlungen an einem Ort (Oberarm-Nebenchakren). Dies ist ein Tor zwischen dem Zentrum (Identität) und den generellen Impulsen (inneres Chakra).

Hier beziehen sich die Wünsche auf konkrete Handlungen, die man durchführt – Arbeiten, Spiele, Spaß haben, etwas bauen, gestalten, malen, musizieren, anfassen usw.

Zwischenchakren zwischen Impuls und Form

e) Das Nabel-Zwischenchakra: Dieses Zwischenchakra liegt am Nabel – hier wird vor der Geburt die Nahrung aufgenommen. Es ist der Übergang von dem körperlichen Selbstausdruck (Sonnengeflecht) zu dem inneren Halt (Hara). Dies ist ein Tor zwischen einem generellen Impuls (inneres Chakra) und einer Form (mittleres Chakra).

Hier bekommt der allgemeine Wunsch eine konkrete Form – man will etwas an einem konkreten Ort und auf eine konkrete Weise tun oder man will etwas ganz Konkretes erleben.

f) Das Gaumen-Zwischenchakra: Dieses Zwischenchakra liegt am Gaumen – hier wird nach der Geburt die Nahrung aufgenommen. Es ist der Übergang von dem sozialen Selbstausdruck (Halschakra) zu der äußeren Orientierung (Drittes Auge). Dies ist ein Tor zwischen einem generellen Impuls (inneres Chakra) und einer Form (mittleres Chakra).

Auch hier bekommt der allgemeine Wunsch eine konkrete Form – man will mit einem ganz bestimmten Menschen etwas tun und zu einer bestimmten Gemeinschaft gehören oder etwas ganz Bestimmtes in der Außenwelt erforschen.

g) Die Knie-Zwischenchakren: Dieses Zwischenchakra liegt an den Knien. Es ist der Übergang von der generellen Bewegungsrichtung im Raum (Oberschenkel-Nebenchakra) zu der Bewegung an einem Ort (Unterschenkel-Nebenchakra). Dies ist ein Tor zwischen einem generellen Impuls (inneres Chakra) und einer Form (mittleres Chakra).

Auch hier bekommt der allgemeine Wunsch eine konkrete Form – man schaut, wie man sich an einem Ort am besten bewegen kann: links oder rechts lang, die Treppe hoch oder mit dem Aufzug, ein Paß zum Mitspieler oder ein eigenes Dribbeln zum Tor …

h) Die Ellenbogen-Zwischenchakren: Dieses Zwischenchakra liegt an den Ellenbogen. Es ist der Übergang von der generellen Bewegungsrichtung im Raum (Oberarm-Nebenchakra) zu der Bewegung an einem Ort (Unterarm-Nebenchakra). Dies ist ein Tor zwischen einem generellen Impuls (inneres Chakra) und einer Form (mittleres Chakra).

Hier bekommt der allgemeine Wunsch ebenfalls eine konkrete Form – man gestaltet den Ort, an dem man sich befindet und legt etwas von hier nach dort, dreht etwas um und bewegt sich auf vielerlei Art hin und her.

Zwischenchakren zwischen Form und Kontakt

i) Das Schamhaar-Zwischenchakra: Dieses Zwischenchakra liegt am oberen Ende des Schamhaars. Es ist der Übergang vom inneren Halt (Hara) zum körperlichen Kontakt (Wurzelchakra). Dies ist ein Tor zwischen einer Form (mittleres Chakra) und einem Kontakt (äußeres Chakra).

Hier führt der Wunsch schließlich zu einem Kontakt – man verbindet sich mit jemandem oder mit etwas; u.a. gehört auch die Sexualität zu diesen Kontakten. Man wählt das aus, was man berühren, fassen, riechen, sehen, hören, schmecken, genießen will.

j) Das Haupthaar-Zwischenchakra: Dieses Zwischenchakra liegt am unteren Ende des Haupthaars vorne an der Stirn. Es ist der Übergang von der äußeren Orientierung (Drittes Auge) zu einem sozialen Kontakt (Scheitelchakra). Dies ist ein Tor zwischen einer Form (mittleres Chakra) und einem Kontakt (äußeres Chakra).

Auch hier führt der Wunsch schließlich zu einem Kontakt – man wählt das aus, worauf man seine Aufmerksamkeit richten will, wem man zuhören will, was man sehen will. Während man bei dem vorigen Zwischenchakra vor allem sich selber im Kontakt erleben will, strebt man bei diesem Zwischenchakra vor allem das Erleben des anderen an.

k) Die Fußgelenk-Zwischenchakren: Dieses Zwischenchakra liegt in dem Fußgelenk. Es ist der Übergang von der konkreten Bewegungsrichtung an einem Ort (Unterschenkel-Nebenchakra) zu dem Kontakt an diesem Ort (Fußchakra). Dies ist ein Tor zwischen einer Form (mittleres Chakra) und einem Kontakt (äußeres Chakra).

Auch hier führt der Wunsch schließlich zu einem Kontakt – der Fuß wird an dem Ort auf den Boden gesetzt, an dem man sein will, dort nimmt man mit dem Ort Kontakt auf, dort steht man.

l) Die Handgelenk-Zwischenchakren: Dieses Zwischenchakra liegt im Handgelenk. Es ist der Übergang von der konkreten Bewegungsrichtung an einem Ort (Unterarm-Nebenchakra) zu dem Kontakt an diesem Ort (Handchakra). Dies ist ein Tor zwischen einer Form (mittleres Chakra) und einem Kontakt (äußeres Chakra).

Hier führt der Wunsch ebenfalls schließlich zu einem Kontakt – die Hand ergreift das, was sie haben will; sie läßt das los, was sie nicht haben will; sie gestaltet die Dinge so, wie es ihr beliebt. Dieses Chakra ist bei der magischen Heilung von großer Bedeutung.

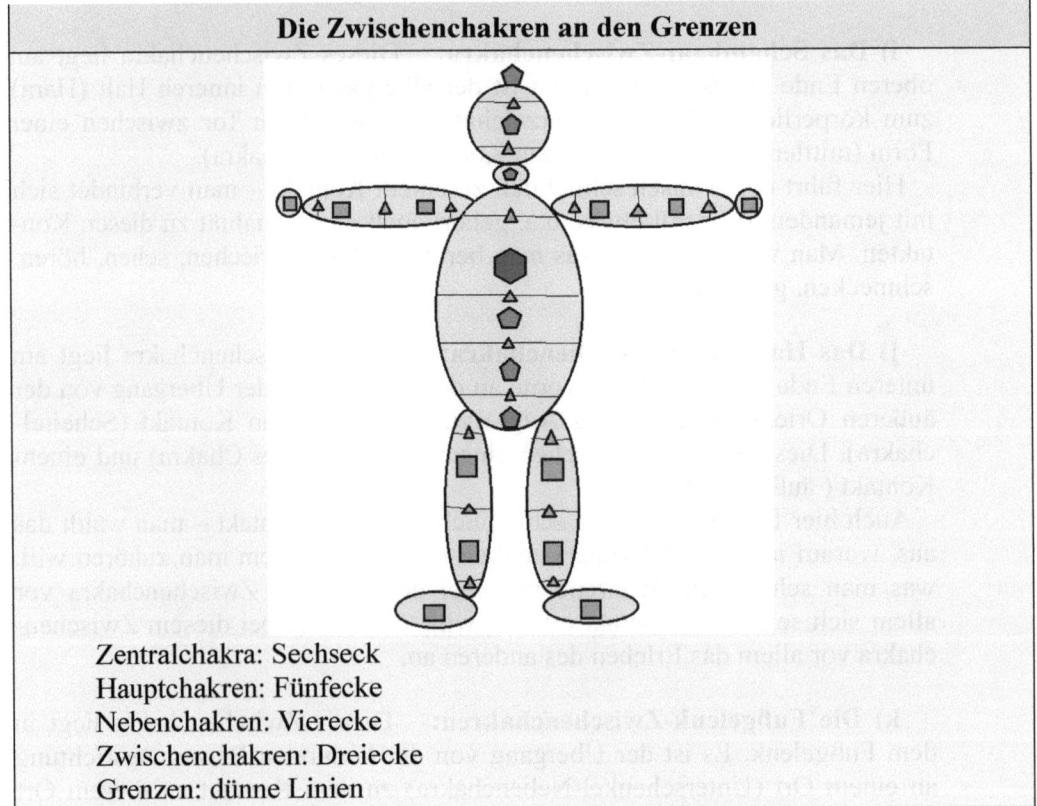

Die Zwischenchakren an den Grenzen

Zentralchakra: Sechseck
Hauptchakren: Fünfecke
Nebenchakren: Vierecke
Zwischenchakren: Dreiecke
Grenzen: dünne Linien

18

II 5. Die „Lebenskraft-Kanäle"

Im Lebenskraftkörper gibt es einen Fluß der Lebenskraft – sie steigt vom Wurzel-chakra durch die Hauptchakren zum Scheitelchakra wie der Strahl eines Spring-brunnens empor („Kundalini"), entfaltet sich über dem Kopf wie die Fontaine eines Springbrunnens („Heiligenschein") und fließt dann rings um den Körper wie die Tropfen eines Springbrunnens wieder herab („Aura").

Die drei wichtigsten Kanäle der Lebenskraft (sozusagen ihre Flußbetten) sind die **Sushumna**, in der der eben beschriebene Lebenskraft-Strahl in der Mitte des Körpers aufsteigt, sowie **Ida** und **Pingala**, die links und rechts neben der Sushumna empor-steigen. Ida und Pingala kreuzen sich an jedem der Hauptchakren und wechseln die Seite. In der Sushumna befindet sich das Bild der Seele, in Ida und Pingala das männliche und das weibliche Spiegelbild der Seele, also der innere Mann und die innere Frau.

Zusätzlich zu diesen „Lebenskraft-Flußbetten" gibt es noch die „Lebenskraft-Bach-betten" der Akupunktur-Meridiane. Die Qualitäten der Akupunkturpunkte auf diesen Meridianen entsprechen den Qualitäten der Chakren – es sind lediglich zwei Systeme, die dieselbe Struktur beschreiben.

Die Akupunktur-Meridiane finden sich auf dem Leib, auf den Armen und auf den Beinen stets in Dreier-Gruppen, was den drei Lebenskraft-Kanälen Sushumna, Ida und Pingala entspricht.

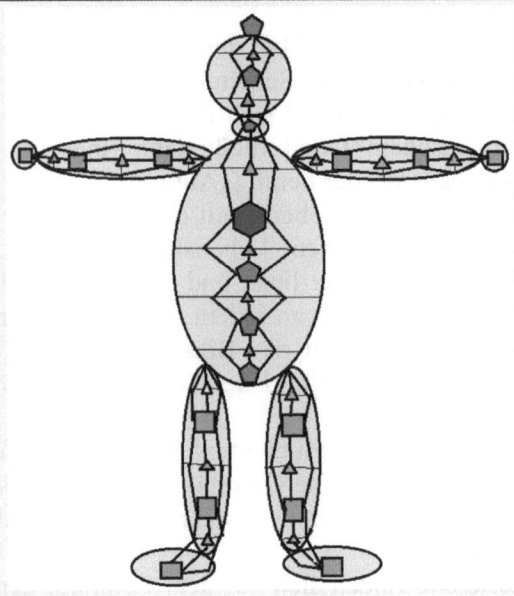

Zentralchakra: Sechseck
Hauptchakren: Fünfecke
Nebenchakren: Vierecke
Zwischenchakren: Dreiecke
Grenzen: dünne Linien
Lebenskraft-Kanäle: dicke Linien

II 6. Die Außenchakren

Diese Chakren treten dort auf, wo Ida und Pingala die Grenze zwischen zwei Hauptchakren überqueren. Sie bilden sozusagen zwei Seiteneingänge neben dem Haupttor, durch das die Sushumna fließt. An diesen Stellen finden sich so gut wie immer Akupunkturpunkte.

Außenchakren zwischen Identität und Impuls

a) Die Wunschbaum-Außenchakren: Sie liegen links und rechts am unteren Rippenbogen.

b) Die Thymus-Außenchakren: Sie liegen links und rechts am Schlüsselbein.

c) Die Hüftgelenk-Außenchakren: Sie liegen links und rechts neben den Hüftgelenken.

d) Die Schultergelenk-Außenchakren: Sie liegen links und rechts neben dem Schultergelenk.

Außenchakren zwischen Impuls und Form

e) Die Nabel-Außenchakren: Sie liegen links und rechts neben dem Nabel.

f) Die Gaumen-Außenchakren: Sie liegen links und rechts neben dem Gaumen ungefähr an den Kiefergelenken.

g) Die Knie-Außenchakren: Sie liegen links und rechts an den Knien.

h) Die Ellenbogen-Außenchakren: Sie liegen links und rechts an den Ellenbogen.

i) Die Schamhaar-Außenchakren: Sie liegen links und rechts neben dem Schamhaar-Ansatz, d.h. in der Nähe der Hüftgelenke.

j) Die Haupthaar-Außenchakren: Sie liegen links und rechts des Haupthaar-Ansatzes, d.h. ungefähr über den Ohren.

k) Die Fußgelenk-Außenchakren: Sie liegen links und rechts an den beiden Knöcheln.

l) Die Handgelenk-Außenchakren: Sie liegen links und rechts am Handgelenk.

Die Außenchakren

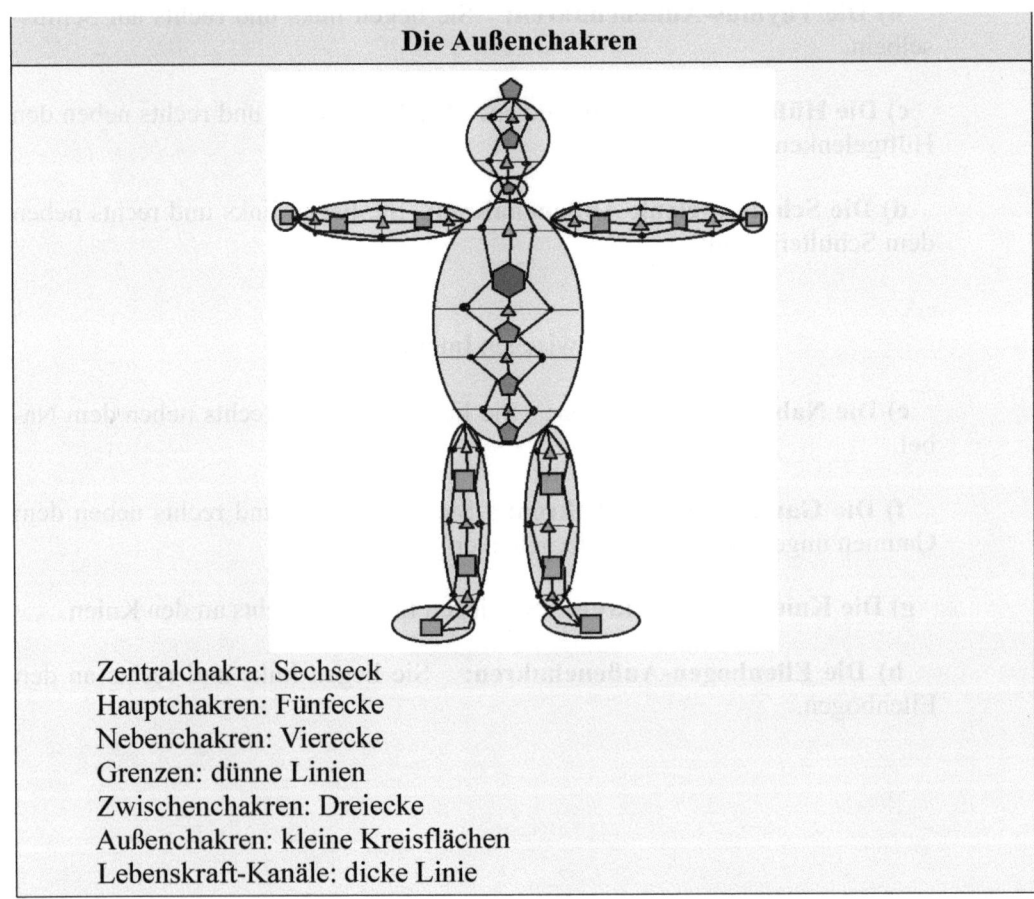

Zentralchakra: Sechseck
Hauptchakren: Fünfecke
Nebenchakren: Vierecke
Grenzen: dünne Linien
Zwischenchakren: Dreiecke
Außenchakren: kleine Kreisflächen
Lebenskraft-Kanäle: dicke Linie

II 7. Aufbau des Chakrensystems

Das System der Chakren wird im Folgenden bei den Betrachtungen der Zusammenhänge zwischen den Chakren und den Organen und Gliedmaßen noch genauer erklärt. Ein wichtiger Punkt bei dem Chakrensystem ist, daß es sich auf eine schlichte, logische Weise symmetrisch entfaltet:

- Das Herzchakra bildet das Zentrum mit der Identität.

- Die sechs übrigen Hauptchakren sind zwei Gruppen von jeweils drei Schritten: „Impuls – Form – Kontakt". Sie führen vom Herzchakra einmal nach unten (Körper) und einmal nach oben (Welt).

- Dieselben drei Schritte finden sich auch in den Armen und in den Beinen: die Nebenchakren. Sie führen vom Leib nach außen zu den Händen bzw. Füßen hin.

- Jedes dieser insgesamt 19 Chakren (1 Zentralchakra, 6 weitere Hauptchakren, 6 Armchakren, 6 Beinchakren) wird von seinen Nachbarn durch eine Grenze getrennt – so entstehen die „Einflußbereiche" dieser 19 Chakren.

- Diese Chakren werden durch drei parallel verlaufende Lebenskraft-Flüsse verbunden, die sich sowohl im Leib (Sushumna, Ida und Pingala) als auch in Armen und Beinen (Dreiergruppen der Akupunktur-Meridiane) finden.

- Diese drei Lebenskraftflüsse bilden an den Grenzen jeweils drei Tore: in der Mitte ein Zwischenchakra und links und rechts davon jeweils ein weiteres Außenchakra.

Es gibt noch einen weiteren Dreischritt, der sich bei jedem Chakra findet: Das Chakra im Körper, das Kshetram vorne und hinten auf dem Körper sowie der Aurapunkt vorne und hinten auf dem Lebenskraftkörper. Das Chakra enthält den Impuls, das Kshetram bildet eine Form und der Aurapunkt ist der Kontakt zur Welt. Auf der Rückseite befindet sich die Vergangenheit und idealerweise der Rückhalt, auf der Vorderseite befindet sich die Zukunft und im Idealfall die eigenen Handlungen.

Diese Differenzierung ist nur gelegentlich von Bedeutung. So ist der Aurapunkt hinter dem Herzchakra die Stelle, an der sich die Freude der Eltern über die Identität ihres Kindes befinden sollte – was leider nicht immer der Fall ist. Dieser Punkt hat daher einen großen Einfluß auf das Grundlebensgefühl eines Menschen. Der Aurapunkt vor dem Sonnengeflecht ist hingegen der Punkt, an dem z.B. eine Mutter intuitiv (telepathisch) mit ihrem Kind verbunden ist und spüren kann, wenn es in Gefahr ist. Dieser Punkt steht auch bei Abhängigkeiten, Lebenskraft-Vampirismus u.ä. im Zentrum des Geschehens.

III Organe und Chakren

In diesem Kapitel werden die einzelnen Organe und ihr Zusammenhang mit den Chakren betrachtet.

Die Zuordnung der Organe zu den Chakren läßt sich auf vier Weisen herstellen:

    1. die Nähe des Organs zu einem Chakra,

    2. die Ähnlichkeit der Aufgaben von Chakra und Organ,

    3. die Stellung innerhalb einer Chakra-Folge (z.B. Sonnengeflecht – Hara – Wurzelchakra) und einer Organ-Folge (z.B. Mund – Speiseröhre – Magen – Zwölffingerdarm – Dünndarm – Dickdarm – After), und

    4. die empirische Erfahrung mit diesen Zusammenhängen in den traditionellen Heilmethoden.

Es ist wichtig zu beachten, daß das Chakra nicht einfach die „Lebenskraft eines Organs" ist – das Chakra ist ein Aspekt der symmetrischen Entfaltung des Bewußtseins, der sich dann als ein Organ konkretisiert. Das klingt jetzt vielleicht ein bißchen abstrakt, aber anhand der folgenden Betrachtungen wird schnell deutlich werden, wie das gemeint ist.

Die einzelnen Organe lassen sich oft am besten verstehen, wenn man sie in ihrem Funktionszusammenhang betrachtet – z.B. den Magen als Teil des Verdauungssystems. Von diesem Verständnis aus läßt sich dann erkennen, zu welchem Chakra das betreffende Organ gehört. Daher ist die folgende Übersicht in Organ-Gruppen eingeteilt.

Einige Organe befinden sich heute im Menschen nicht mehr an derselben Stelle, an der sie einst z.B. noch bei den Fischen gewesen sind. Im Laufe der Evolution sind manche Organe von ihrer ursprünglichen Position, die dem Chakra an diesem Ort entsprochen hat, zu einer anderen Stelle gerutscht, die praktischer gewesen ist. So befinden sich die Milchdrüsen bei den Säugetieren generell in der Hara-Gegend (Euter), beim Menschen jedoch auf der Brust – Brüste am Hara würde das Laufen, Klettern und Arbeiten erschweren …

In diesen Fällen ist es notwendig, die Entwicklungsgeschichte eines Organs näher zu betrachten, um seine ursprüngliche Lage im Körper herauszufinden. Das ermöglicht dann die Zuordnung der Organe zu einem Chakra, das der Funktion dieses Organs entspricht – während die Funktion des Chakra in der Nähe dieses heute „verrutschten" Organs nicht mit der Funktion dieses Organs übereinstimmt.

III 1. Das Verdauungssystem

Das Verdauungssystem enthält die körperfremden Stoffe, die man aufnimmt, denen man die nützlichen Bestandteile entnimmt und dann den Rest ausscheidet.

III 1. a) Der Mund

Der Mund mit der Zunge, den Zähnen und dem Geschmackssinn entspricht dem **Gaumen-Zwischenchakra**.

Dieses Chakra konkretisiert die allgemeinen Impulse des Halschakras zu den konkreten Impulsen des Dritten Auges (innen → außen). In die andere Richtung hin betrachtet (außen → innen), erkennt das Dritte Auge den konkreten Charakter von etwas in der Außenwelt – das Gaumenchakra entscheidet dann, ob dieses Konkrete in der Außenwelt etwas ist, was in den Körper aufgenommen werden soll, also allgemein zu dem Körper paßt.

Das Gaumenchakra hat also eine zweifache Wächterfunktion: Was darf von drinnen nach draußen? Und was darf von draußen nach drinnen?

Die Zunge dient von innen nach außen hin zum Sprechen. Von außen nach innen hin dient sie (und der Geschmackssinn allgemein) zum Schmecken, d.h. zum Testen der Nahrung.

Die Zähne dienen von innen nach außen hin gesehen ebenfalls zum Sprechen. Von außen nach innen hin gesehen dienen sie zum Zerkleinern dessen, was das Gaumenchakra für gut befunden hat.

Auch die Speicheldrüsen sind Helfer beim Auflösen der Speisen – die in trockenem Zustand auch oft nur schwer zu schlucken wären.

III 1. b) Die Speiseröhre

Die Speiseröhre ist ein reines Transportorgan. Sie befördert die erwünschte Nahrung von dem Mund in den Magen. Sie kann jedoch unerwünschte Nahrung auch wieder vom Magen nach außen befördern. Die Speiseröhre ist ein Organ mit nur geringer Eigentätigkeit.

Von ihrem Ort her entspricht sie dem **Halschakra**. Dieses Chakra hat vom Herzchakra aus nach oben/außen hin gesehen die Funktion des sozialen Selbstausdrucks (z.B. durch Sprechen). Von oben/außen zum Herzchakra hin gesehen, hat dieses Chakra die Funktion, das einzulassen, was im Einklang mit dem eigenen Wesen steht bzw. von dem eigenen Wesen nutzbar ist – die Kontrollfunktion („paßt zu mir" oder „paßt nicht zu mir") liegt jedoch beim Gaumen-Zwischenchakra.

III 2. c)   Der Magen

Der Magen nimmt die Stoffe auf, die für nahrhaft befunden und gegessen worden sind, und zerlegt sie dann in kleinere Bestandteile. Der Magen tötet zudem so gut wie alle Bakterien ab – d.h. er desinfiziert die Nahrung. Dadurch wird die Nahrung zunächst einmal „unschädlich" gemacht – die Nahrung nähert sich in einem zweiten Schritt der Eigensubstanz des Körpers an (der erste Schritt ist das Essen und Zerkauen).

Dieses Umwandeln von körperfremder Substanz in körpereigene Substanz wird offenbar durch die beiden Selbstausdrucks-Chakren, also durch das Halschakra und durch das **Sonnengeflecht** durchgeführt. Das Herzchakra wird durch die Speiseröhre übersprungen.

Das Magen liegt in der Nähe des Sonnengeflechts.

III 2. d)   Der Zwölffingerdarm

Der Zwölffingerdarm zerlegt in einem dritten Schritt den Nahrungsbrei durch Enzyme in noch kleinere Bestandteile (Eiweiße, Zucker, Kohlehydrate, Vitamine usw.). Diese Bestandteile sind nun so klein, daß sie mit den Bestandteilen des eigenen Körpers übereinstimmen – Mund, Magen und Zwölffingerdarm haben sozusagen das „Lego-Bauwerk" z.B. des Brotes in einzelne „Lego-Steine" zerlegt, die nun auch von dem Körper verwendet können, da dieser aus denselben „Lego-Steinen" aufgebaut ist.

Dies ist der dritte Schritt der Verwandlung der körperfremden Substanzen in körpereigene Substanzen. Der Zwölffingerdarm gehört folglich auch zum **Sonnengeflecht**, in dessen Nähe er auch liegt.

III 2. e)   Die Bauchspeicheldrüse

Die Bauchspeicheldrüse stellt Säfte her, die sie in den Zwölffingerdarm abgibt, wo diese Säfte den Nahrungsbrei auflösen. Wenn die Bauchspeicheldrüse erkrankt, entsteht in vielen Fällen die Zuckerkrankheit.

Die Tätigkeit dieser Drüse zeigt, daß sie zu dem Bereich des **Sonnengeflechts** gehört.

III 2. f) Die Leber und die Gallenblase

An den Verdauungstrakt sind drei Organe angeschlossen, die eng mit dem Verdauungsvorgang verbunden sind, aber selber nicht die körperfremden Stoffe enthalten. Dies sind die Leber, die Galle und die Bauchspeicheldrüse. Sie haben ähnliche Funktionen wie die Speicheldrüsen im Mund und wie der Blinddarm mit dem Wurmfortsatz: Sie fügen dem Speisebrei Stoffe hinzu, die den Speisebrei in seine Bestandteile auflösen, die dann vom Dünndarm aufgenommen werden können.

Aufgrund dieser Funktion fließen die von der Speicheldrüse, der Bauchspeicheldrüse, der Leber und der Galle produzierten Stoffe vor dem Beginn des Dünndarms in den Speisebrei. Lediglich der Blinddarm mit dem Wurmfortsatz hat eine etwas andere Funktion und liegt am Beginn des Dickdarms.

Die Leber hat mehrere Funktionen:

1. Sie ist das zentrale Stoffwechsel-Organ und stellt z.B. die vom Körper benötigten Proteinen aus den Substanzen her, die vom Dünndarm aus dem Speisebrei aufgenommen werden.

2. Sie produziert verdauungsfördernde Stoffe („Galle"), die dann durch die Gallenblase, die an der Unterseite der Leber liegt, in den Zwölffingerdarm abgegeben werden.

3. Schließlich speichert die Leber auch noch verschiedene Stoffe wie Vitamine bis sie vom Körper gebraucht werden.

Alle drei Funktionen gehören zum **Sonnengeflecht**. Die Produktion der Galle dient der Auflösung des Nahrungsbreis. Die Synthese von Stoffen, die der Körper benötigt, gehört offensichtlich zum „körperlichen Selbstausdruck" des Sonnengeflechts. Die Lagerung von Vitaminen u.ä. bezieht sich ebenfalls auf die Stoffe, die der Körper braucht. Die Leber ist mit allen drei Aspekten des Sonnengeflechts befaßt: Auflösung der körperfremden Stoffe in ihre Grundbestandteile (Galle) sowie Herstellung (Synthese) und Lagerung (Vitamine u.ä.) von körpereigenen Stoffen.

III 2. g)   Der Dünndarm

Im Dünndarm werden die brauchbaren Stoffe durch die Darmwand aufgenommen und werden so von körperfremden Substanzen zu körpereigenen Substanzen. Sie werden nach der Aufnahme mit dem Blut im ganzen Körper verteilt.

Magen, Zwölffingerdarm und Dünndarm erschaffen somit aus körperfremder Substanz körpereigene Substanz. Da das **Sonnengeflecht** der körperliche Selbstausdruck ist, paßt die Herstellung von körpereigenen Substanzen ausgesprochen gut zu dem Sonnengeflecht, das von seiner Funktion her der körperliche Selbstausdruck ist.

Beim Menschen erstreckt sich der Dünndarm bis des Haras hinab. Bei den Fischen ist der Dünndarm zusammen mit dem Dickdarm noch relativ kurz und daher auch nicht so stark gewunden wie beim Menschen, dessen Dünndarm ca. 6m lang ist. Man kann hier also davon ausgehen, daß sich die ursprüngliche räumliche Entsprechung zwischen Dünndarm und Sonnengeflecht nach und nach durch die Verlängerung des Dünndarms aufgelöst hat – der Dünndarm ist nach unten gerutscht.

III 2. h)   Blinddarm und Wurmfortsatz

Der Blinddarm, also der Anfang des Dickdarms, enthält wie der an ihm anhängende, 10cm lange Wurmfortsatz viele Lymphzellen und ist ein Teil des Imunsystems, das u.a. gegen unerwünschte Bakterien im Darm schützt. Zudem ist es ein Rückzugsort der erwünschten Darmbakterien, die nach einem Durchfall o.ä. von hier aus den Darm wieder neu besiedeln.

Von der Funktion her ist der Blinddarm zusammen mit dem Wurmfortsatz also eine Drüse. Er liegt an dem Übergang vom Dünndarm zum Dickdarm.

Von seiner Lage her könnte man ihn dem Hara zurechnen, dessen Aufgabe der innere Halt ist – dazu würde die Selbstschutz-Funktion dieses Darmteils passen.

Da jedoch sowohl der Dünndarm als auch der Dickdarm dem Sonnengeflecht entsprechen, sollte auch der Blinddarm mit dem Wurmfortsatz zwischen dem Dünndarm und dem Dickdarm zum Sonnengeflecht gehören. Er ist ein **Sonnengeflecht-Organ, das Hara-Funktionen übernommen hat**.

Diese Deutung wird dadurch bestätigt, daß der Blinddarm bei anderen Tiere vor allem Verdauungs-Funktionen hat und z.B. bei den Pferden zu einer Art Magen erweitert worden ist.

III 2. i)   Der Dickdarm

Auch der Dickdarm ist beim Menschen im Vergleich zu den Fischen deutlich in die Länge gezogen worden: Er ist ca. 1,5m lang. Mund, Speiseröhre, Magen, Zwölffingerdarm, Dünndarm und Dickdarm sind beim Menschen zusammen ca. 8m lang, d.h. ca. siebenmal so lang wie der Leib eines Mensch (ohne Beine gemessen). Beim Fisch hat der gesamte Verdauungstrakt höchstens die doppelte Körperlänge, meist sogar weniger.

Die Aufgabe des Dickdarms ist es, dem Darminhalt Wasser sowie verschiedene Ionen zu entziehen – er ist der Reste-Verwerter. Seine Funktion gleicht also der Funktion des Dünndarms – er entspricht somit dem **Sonnengeflecht**.

III 2. j)   Der After

Die Funktion des Afters ist zum einen der Verschluß des Dickdarms nach außen hin und zum anderen das Ausscheiden des Kots, also der nicht verwertbaren Speisereste.

Dieses Verschließen, Abgrenzen und Ausscheiden ist offensichtlich keine Sonnengeflecht-Funktion mehr, sondern eine Hara-Funktion – das Hara bestimmt, was in den Körper gehört und was nicht. Dies ist eine Entsprechung zu der Selbstbehauptung, zu dem inneren Halt und zu dem Gefühl für die körperliche Identität, die alle zum Hara gehören.

Da man das Ausscheiden des Kots auch als ein „Beenden des physischen Kontakts" zu ihm ansehen kann, entspricht der After dem **Wurzelchakra** jedoch deutlich besser als dem Hara.

III 2.   Das Atemsystem

Das Atemsystem besteht im Wesentlichen aus der Lunge, aber auch der Mund, die Nase und die Luftröhre spielen eine Rolle.

III 2. a)   Der Mund

Der Mund ist das ursprüngliche Atem-Organ gewesen: Die Fische saugen mit dem Mund Wasser ein und stoßen es dann durch die Kiemen wieder aus. Das Saugen übernimmt bei den Landlebewesen der Brustkorb, der die Lunge wie einen einfachen Blasebalg bewegt.

Wie bei der Aufnahme der Speisen ist das **Gaumen-Zwischenchakra** das Chakra, das die Luft nach innen hin durchläßt.

III 2. b)   Die Nase

Auch durch die Nase kann Luft eingeatmet werden. Die Nase ist jedoch ursprünglich bei den Fischen ein reines Geruchsorgan gewesen. Erst bei den Amphibien hat sich ein Durchgang von der Nasenhöhle zum Rachen gebildet, sodaß sie auch durch die Nase atmen können.

Es fällt auf, daß die Nase symmetrisch gebildet ist: die beiden Nasenlöcher und die beiden Innenräume der Nase. Das läßt vermuten, daß es einen Bezug zu Ida und Pingala gibt, die sich im Dritten Auge kreuzen – wie in jedem der sieben Hauptchakren.

Als Wahrnehmungsorgan gehört es zunächst einmal zum **Dritten Auge**. Die Funktion in Bezug auf die Atmung ist sekundär. Das Gaumenchakra liegt interessanterweise genau zwischen dem Mundraum und dem Nasenraum. Die Nase ist also ein Organ, das zum Dritten Auge gehört, aber eine Nebenfunktion (Atmung) erworben hat, die zum Gaumen-Zwischenchakra gehört.

III 2. c)   Die Luftröhre

Die Luftröhre ist wie die Speiseröhre ein reine Leitung und gehört wie diese zum **Halschakra** – sowohl von der Lage her als auch von der Funktion her (siehe

„Speiseröhre").

In ihr gibt es zwei interessante Details: zum einen den Kehldeckel und zum anderen die Stimmbänder.

Der Kehldeckel dient dem Verschließen der Luftröhre – was man beim Schlucken benutzt, damit keine Speisen in die Luftröhre gelangen. Der Kehldeckel ist somit eine „Weiche", ein Verteiler. Er prüft nicht, ob etwas in den Körper hinein darf wie das Gaumen-Zwischenchakra, sondern wohin das „Angelieferte" (Speise oder Luft) weitergeleitet werden soll. Das klingt nach einer Tätigkeit des Halschakras, das von innen nach außen hin der Selbstausdruck ist, und von außen nach innen hin die Integration von Dingen aus dem Außen, die vom Gaumenchakra für gut befunden worden sind. Zu diesem Weiterleiten der den eigenen Körper bereichernden Stoffe gehört auch die Kenntnis, wohin welche Stoffe weitergeleitet werden müssen.

Die Stimmbänder sind einst bei den Amphibien, die die Lunge entwickelt haben, der Verschluß der Lunge gewesen. Sie sorgen dafür, daß die Lunge bei der Kiemen-Atmung unter Wasser nicht mit Wasser vollläuft. Auch diese Funktion paßt zum Halschakra – sie bezieht sich auf die Richtung „außen → innen". Die Benutzung der Stimmbänder zum Sprechen bezieht sich auf den Selbstausdruck, also auf die Richtung „innen → außen".

III 2. d) Die Lunge

Die Lunge ist das zweite Organ neben dem Herzen, das einen ausgeprägten Rhythmus hat und sich im Brustraum, also in dem „Königreich des Herzchakras" befindet. Bei den Fischen liegen die Atemorgane, also die Kiemen, deutlich näher an dem Mund als bei den „Lungen-Tieren" einschließlich des Menschen. Die Lungen haben also nicht dieselbe Position im Körper wie die Kiemen. Bereits bei den Amphibien liegt die Lunge im Brustraum – sie scheint also hierhin zu „gehören".

Bei der Entstehung der Lungen bei den ersten Amphibien ist offenbar der Brustkorb der passende Ort gewesen – dies ist der einzige Bereich des Körpers, der gleichzeitig in solch einer Art fest und beweglich ist, daß man aus ihm einen Blasebalg herstellen kann, also eine „Luftpumpe".

Der Rippenbereich ist ursprünglich ein Schutzbereich für die inneren Organe gewesen, aber er ließ sich recht einfach als Blasebalg zweckentfremden … Die Lungen befinden sich also im Brustkorb, weil sie zu ihrem Funktionieren einen Rhythmus (das Atmen) brauchen.

Der Anschluß nach außen hat sich im Vergleich mit den Kiemen nicht verändert: Sowohl das Wasser als auch die Luft werden durch den Mund eingeatmet. Während das Wasser jedoch mithilfe des Verschließens des Mundes durch die Kiemen an den

„Backen" des Fisches wieder hinausgepreßt wird, wird die Luft durch die Lungen eingesogen. Das Wasser fließt zum Mund hinein und zu den Kiemen hinaus (Durchlauf), während die Luft zum Mund hinein und anchließend auch durch den Mund wieder hinaus gepumpt wird (wechselnde Fließrichtung).

Das Herz ist das ursprüngliche Herzchakra-Organ, die Lunge ist erst später in der Nähe des Herzchakras entstanden, weil es dort die optimalen Voraussetzungen für die Bildung einer Lunge gegeben hat. Die Lunge ist gewissermaßen ein sekundäres Herzchakra-Organ.

Die Lunge ist aus der Schwimmblase der Fische entstanden, die wiederum eine Ausstülpung des Darms ist. Die Schwimmblase ist ein Speicher für kleine Mengen von Luft, die hinuntergeschluckt worden sind. Die Luft in dieser Schwimmblase dient dazu, das Gewicht des Fisches möglichst identisch mit dem Gewicht des Wassers zu machen, sodaß der Fisch im Wasser „schwebt". Nach und nach hat die Haut dieser Luftblase dann gelernt, auch den Sauerstoff aus der heruntergeschluckten Luft aufzunehmen. Daraus konnte dann nach und nach durch die Quastenflosser, also durch die ersten Fische, die zeitweise an Land gegangen sind, die Lunge, d.h. die Luftatmung, entwickelt werden. Die Schwimmblase kann bei manchen Fischen ein beachtliches Ausmaß erreichen und gut dreimal so groß wie der Magen des Fisches sein.

Die Schwimmblase liegt bei den Fischen in etwa in der Mitte des Körpers, da sie dann den Fisch nicht „kippen" läßt, sondern im Gleichgewicht hält (so wie man einen Schwimmreifen auch um die Körpermitte legt). Dies ist ein weiterer einfacher Grund, warum die Lungen in der Körpermitte, also in Herzchakra-Nähe liegen.

Die Abzweigung der Schwimmblasen-Luftröhre von der Speiseröhre liegt bei den Fischen weiter innen als beim Menschen, bei dem sie sich oben im Hals befindet.

Letztlich ist die Lunge ein „Organ des Essens" wie der Magen – die Luft wird „gegessen". Die Lunge ist wie der Magen als eine Ausweitung des Darmes entstanden (Luft in die Schwimmblase schlucken). Von ihrer Funktion her ist die Lunge folglich (primär) ein **Sonnengeflecht**-Organ, aber von ihrer Dynamik (rhythmische Bewegung) her (sekundär) auch ein Herzchakra-Organ.

III 3. Das Blutsystem

Das Blutsystem dient dem Verteilen von Stoffen im Körper. Dieses System ist notwendig geworden, als die Körper der Tiere so groß geworden sind, daß das einfache Lymphsystem, das über keine „schnelle Pumpe" verfügt, nicht mehr ausreichte, um die benötigten Stoffe schnell genug überall im Körper zu verteilen. Das ist schon sehr früh geschehen – selbst Schnecken haben schon eine Größe und Komplexität, die ein Herz erfordert.

Der Blutkreislauf ist das „logistische System" des Körpers. Das läßt vermuten, daß es einen Zusammenhang mit den drei Lebenskraftkanälen Sushumna, Ida und Pingala gibt.

III 3. a) Das Herz

Das **Herzchakra** ist das Zentrum des Chakrensystems. In seiner Nähe befindet sich das Herz, nach dem dieses Chakra benannt worden ist. Das Herz befindet sich jedoch ein wenig links vom Herzchakra – bei Fischem und Amphibien liegt es jedoch noch im Körperzentrum. Das Herz ist also bei der Entwicklung der Lungen zur Seite geschoben worden – offensichtlich war ein großer rechter Lungenflügel und ein kleiner linker Lungenflügel effektiver als zwei mittelgroße Lungenflügel. Die ursprüngliche Übereinstimmung der Lage des Herzens mit dem Herzchakra ist also erst nachträglich durch die Evolution verändert worden – wobei die Abweichung von der Mitte nach links beim Menschen nur geringfügig ist (10-15%), obwohl man landläufig sagt, daß das Herz links in der Brust sitzt.

Das Herz ist eine Pumpe, die das Blut als Trägersubstanz für die Verteilung der verschiedensten Stoffe im Körper durch die Adern pumpt.

Das Herz besteht aus zwei Kammern. So wie sich beim Dritten Auge die zweisymmetrische Nase (plus Augen und Ohren) findet, so liegt auch beim Herzchakra ein zwei-symmetrisches Organ. Da auf der physischen Seite das Herz die Pumpe des Blutkreislaufs ist und auf der Lebenskraft-Seite die Lebenskraft in den drei Lebenskraftkanälen fließt, hat das Herz offensichtlich auch eine enge Bindung an diese drei Kanäle. So wie das Herz die Pumpe für das Blut ist, ist das Herzchakra (und die Seele in ihm) vermutlich die Pumpe für die Lebenskraft.

Die beiden Kammern des Herzens lassen vermuten, daß es auch einen Zusammenhang mit Ida und Pingala gibt.

III 3. b)   Die Adern

Die Adern, in denen das Blut fließt, entsprechen den zwei Lebenskraftkanälen **Ida und Pingala** sowie auch den Akupunktur-Meridianen.

III 3. c)   Die Milz

Die Milz liegt links neben dem Magen und ist für die Blutbildung zuständig. Sie gehört also zu dem Lebenskraftkanal-System. Da sie jedoch die weißen und die roten Blutkörperchen herstellt und zudem die alten roten Blutkörperchen aussondert, gleicht sie von ihrer Funktion her der Leber: Sie synthetisiert körpereigene Substanzen und gehört folglich zum **Sonnengeflecht**.

Leber und Milz bilden ein Organpaar mit ähnlichen Funktionen und liegen links bzw. rechts des Magens. Man kann also auch bei ihnen einen Bezug zu Ida und Pingala vermuten.

III 3. d)   Das Knochenmark

Im Knochenmark werden wie in der Milz Blutzellen hergestellt. Sie sind daher von ihrer Funktion her gesehen ein über den ganzen Körper verteiltes **Sonnengeflecht**-System.

Die Milz ist das ursprüngliche Blutbildungs-Organ gewesen, was sich daran zeigt, daß es das Knochenmark erst seit den Fischen, die die Vorläufer der Amphibien gewesen sind, gibt. Hier ist offenbar eine Aufgabe der Milz (Sonnengeflecht) teilweise ausgelagert worden.

III 4. Das Nierensystem

Der Blutkreislauf transportiert zwei Dinge: die Stoffe, die von den Zellen gebraucht werden, und die Stoffe, die von den Zellen nicht mehr gebraucht werden.

Die benötigten Stoffe werden zum einen durch den Dünndarm aus dem Speisebrei aufgenommen und teilweise durch die Leber weiterverarbeitet und zum anderen durch die Lunge aufgenommen (Sauerstoff).

Die von den Zellen nicht mehr benötigten Stoffe werden in den Blutkreislauf abgegeben und zum einen von den Nieren ausgefiltert und als Urin an die Blase weitergeleitet, und zum anderen durch die Lunge aufgenommen und ausgeatmet (Kohlendioxyd).

III 4. a) Die Nieren

Die Nieren liegen an der linken und rechten Seite des Körpers hinter den untersten Rippen – also von ihrer Lage her auf der Höhe des Sonnengeflechts. Die Nieren haben eine ähnliche Funktion wie das Gaumen-Zwischenchakra: unterscheiden und sortieren, was gebraucht wird und was nicht. Sie könnten daher zu dem Nabel-Zwischenchakra (zwischen Sonnengeflecht und Hara) gehören, da dies dem Gaumen-Zwischenchakra (zwischen Halschakra und Drittem Auge) entspricht.

Bei den Fischen liegen die Nieren noch im vorderen Brustraum – das entspricht beim Menschen dem oberen Brustraum. Sie liegen jedoch immer hinter dem Herzen – beim Menschen wäre das unter dem Herzen.

Von der Lage her entsprechen die Nieren daher dem **Wunschbaum-Zwischenchakra**. Dieses Chakra ist zum einen dafür zuständig, die Identität zu allgemeinen Wünsche zu konkretisieren (von innen nach außen hin gesehen), und zum anderen dafür, durch die eigenen Erfahrungen die Identität zu bereichern (von außen nach innen hin gesehen).

Nicht nur von ihrer Lage her, sondern auch von ihrer Funktion her entsprechen die Nieren dem Wunschbaum-Zwischenchakra besser als dem Nabel-Zwischenchakra: aussortieren, was nicht mehr gebraucht wird, weil es nicht mehr zu der eigenen Identität paßt. Die Nieren machen körpereigene Stoffe zu körperfremden Stoffen – aus Stoffen im Blut werden Stoffe im Urin.

Der wesentliche Vorgang in den Nieren ist der Test, ob etwas noch zur Identität (Herzchakra) paßt oder nicht. Dieser Vorgang sollte daher an der Grenze des Herzchakra-Bereichs (Rippenbereich) stattfinden. Da es sich dabei um einen Körper-internen Vorgang handelt, sollte er am unteren Ende des Rippenbereichs zu finden sein – also in der Gegend des Wunschbaum-Zwischenchakras.

Diese Zuordnung steht jedoch ein wenig im Widerspruch dazu, daß die Nieren in der Evolution von den Fischen zum Menschen vom vorderen/oberen Brustraum hinuntergerutscht sind. Gehörten sie ursprünglich zum Thymus-Zwischenchakra? Dieses Zwischenchakra hat dieselben Funktionen wie das Wunschbaum-Zwischenchakra – nur daß der Wunschbaum die Identität in den Körper hinein zu Wünschen konkretisiert und das Thymus-Zwischenchakra die Identität in den Körper hinein zu Wünschen konkretisiert.

Da es zwei Nieren gibt, läßt sich ein Zusammenhang zu Ida und Pingala vermuten.

III 4. b) Die Harnleiter

Die beiden Harnleiter sind wie die Luftröhre, die Speiseröhre und die Adern ein reines Transportsystem. Sie enden an der Blase. Sie reichen folglich von dem Wunschbaum-Zwischenchakra am unteren Ende der Rippen über das Sonnengeflecht und das Hara bis zu dem Schamhaar-Zwischenchakra.

Vermutlich kann man sie am ehesten **Ida und Pingala** zuordnen.

III 4. c) Die Blase

Die Blase ist ein Hohlorgan, dessen einzige Funktion es ist, den Urin zu speichern, damit er nicht ständig aus dem Körper läuft, sondern nur von Zeit zu Zeit abgegeben wird. Das hat zumindestens in kalten Gebieten den Vorteil, daß die Beine nicht ständig naß sind und vereisen … Fische, die ja bereits im Wasser leben, haben daher auch noch keine Blase am Ende des Harnleiters.

Von ihrer Lage her entspricht die Blase zwar dem Schamhaar-Zwischenchakra, aber von ihrer Funktion her dem **Wurzelchakra** (wie der After): Man beschließt, etwas aus dem eigenen System zu hinauswerfen. Dies ist ein „Beenden des physischen Kontakts" – und das Wurzelchakra ist das Organ des physischen Kontakts.

III 4. d) Die Urin-Öffnung

Die Öffnung, durch die der Urin nach außen abgegeben wird, gehört ebenfalls zu dem **Wurzelchakra**.

III 5.   Das Fortpflanzungssystem

Man kann den Körper in drei Bereiche einteilen:

1. die körperfremden Substanzen (Inhalt des Verdauungstraktes),

2. die körpereigenen Substanzen (Knochen Muskeln, die meisten inneren Organe, Nerven, Blut usw.) sowie

3. die körperdefinierenden Substanzen (Zellkerne, Fortpflanzungsorgane).

Jeder dieser drei Bereiche hat grundlegend verschiedene Aufgaben.

Auch in Bezug auf Krankheitserreger unterscheiden sich diese drei Bereiche: Pilze gibt es auf der Haut und im Darm – also nur im Bereich der körperfremden Substanzen. Bakterien gibt es zusätzlich auch im Körper – also auch im Bereich der körpereigenen Substanzen. Viren gibt es zusätzlich auch in den Zellkernen – also im Bereich der körperdefinierenden Substanzen.

Krankheitserreger		
körperfremde Stoffe	*körpereigene Stoffe*	*körperdefinierende Stoffe*
Pilze	-	-
Bakterien	Bakterien	-
Viren	Viren	Viren

Da die körperdefinierenden Substanzen eben den Körper definieren, haben sie von ihrer Funktion her einen Bezug zum Herzchakra, das das „Lebenskraftkörperdefinierende Chakra" ist. Die DNS im Zellkern einer Zelle ist das Herzchakra einer einzelnen Zelle.

III 5. a)   Die Eierstöcke

Die beiden Eierstöcke liegen auf Hüfthöhe, direkt unterhalb des Haras. Sie bestehen aus den beiden eiförmigen Ovarien, in denen die weiblichen Eizellen gebildet werden, sowie den beiden Eileitern, die die Eizellen in regelmäßigen Abständen in die Gebärmutter leiten.

Eine befruchtete Eizelle ist der Beginn eines neuen Menschen – sie entspricht daher dem Herzchakra (aus der Sicht des Kindes).

Diese „Keimung" ist eine Abtrennung und Differenzierung, was hingegen dem Hara entspricht (aus der Sicht der Mutter).

Da sich die Eigenständigkeit der Eizelle auf diese Eizelle bezieht und nicht auf die Frau, in der sie entsteht, gehören die Eizellen zum **Hara**.

III 5. b)   Die Gebärmutter

Die Gebärmutter liegt zwischen dem Hara und dem Schamhaar-Zwischenchakra. Da sie ein „Gefäß" ist, sollte es dem **Hara** entsprechen – die Zwischenchakren sind Tore und keine Gefäße oder sonstigen Bereiche.

III 5. c)   Die Scheide

Die Scheide ist der Zugang für den männlichen Samen und der Ausgang für das Kind bei der Geburt. Sie verbindet die Gebärmutter im Hara mit der Außenwelt. Da die Scheide das Kontaktorgan für den Penis ist und das Wurzelchakra das Chakra für den körperlichen Kontakt ist, gehört die Scheide zum **Wurzelchakra**.

III 5. d)   Die Hoden

Die Hoden haben dieselbe Funktion wie die Eierstöcke der Frau und gehören daher ebenfalls zum **Hara**.

Sie befinden sich jedoch außerhalb des Körpers und somit sogar noch unterhalb des Wurzelchakras. Dies ist jedoch eine spätere Entwicklung, die dafür sorgt, daß die Samenzellen im Hoden gekühlt bleiben. Bei den Fischen befinden sich Eierstöcke und Hoden noch an derselben Stelle innerhalb des Leibes. Hier hat die Evolution die ursprüngliche Position des Organs nach unten hin verschoben.

Die beiden Samenleiter beim Mann entsprechen den beiden Eileitern bei der Frau. Bei der Frau transportieren sie die Eizellen von den Ovarien zur Gebärmutter – sie bleiben dabei innerhalb des Hara-Bereichs. Die Samenleiter beim Mann transportieren den Samen von den Hoden über den Penis zu der Gebärmutter der Frau – sie leiten den Samen also von dem Hara des Mannes über den Wurzelchakra-Bereich des Mannes (Penis) und den Wurzelchakra-Bereich der Frau (Scheide) zu dem Hara der Frau.

III 5. e) Der Penis

Der Penis entspricht der Scheide und ist offensichtlich das **Wurzelchakra**-Organ des Mannes.

III 5. f) Nabel und Nabelschnur

Die Nabelschnur ist eine Verbindung des ungeborenen Kindes im Mutterleib zu seiner Mutter. Da es sich hier um einen körperlichen Kontakt, sogar um eine körperliche Verbindung handelt, gehört die Nabelschnur vom Kind her gesehen zu seinem Wurzelchakra. Von der Mutter her gesehen ist die Nabelschnur jedoch ein Aspekt ihres Haras, in dem ein „Ableger" von ihr entsteht.

Die Lage des Nabels ist ebenfalls interessant: Er befindet sich zwischen dem Selbstausdrucks-Chakra Sonnengeflecht und dem Form-Chakra Hara. Dies entspricht dem Mund zwischen dem Selbstausdrucks-Chakra Halschakra und zwischen dem Form-Chakra Drittes Auge.

Hier ist offenbar die ursprüngliche Symmetrie der Organe erhalten geblieben – die Nahrungsaufnahme vor der Geburt durch die Nabelschnur (Nabel-Zwischenchakra) und die Nahrungsaufnahme nach der Geburt durch den Mund (Gaumen-Zwischenchakra). Die drei unteren Hauptchakren beschreiben das Verhältnis eines Menschen zu seinem Körper und die drei oberen Hauptchakren beschreiben das Verhältnis eines Menschen zur Außenwelt. Entsprechend geschieht die Ernährung vor der Geburt innen durch eine feste Verbindung (Nabelschnur) und die Ernährung nach der Geburt außen durch den Kontakt zur Umwelt (Mund).

Da durch die Nabelschnur körpereigene Substanzen der Mutter (Sonnengeflecht) zu dem ungeborenen Kind, also zu einem von der Mutter abgegrenzten Bereich (Hara) geleitet werden, stimmt die Lage des Nabels an dem **Nabel-Zwischenchakra**, der die Grenze zwischen dem Bereich des Sonnengeflechts und des Haras markiert, genau.

Man kann die Nabelschnur natürlich auch als einen Aspekt der Sushumna auffassen.

III 6.   Das Nervensystem

Das Nervensystem ist die Steuerungseinrichtung für den Körper. Dabei gibt es mindestens drei deutlich unterscheidbare Aspekte:

1. die Weiterleitung der Sinneswahrnehmungen durch die Nerven zum Gehirn,

2. die Verarbeitung der Wahrnehmungen durch das Gehirn, und

3. die Impulse des Gehirns an die Organe und Gliedmaßen des Körpers.

III 6. a)   Das Großhirn

Das Großhirn ist die zentrale Datenverarbeitungsstelle im Körper. Es entspricht dem **Scheitelchakra**, das für den Gesamtüberblick zuständig ist.

III 6. b)   Das Kleinhirn

Das Kleinhirn liegt am Hinterkopf und ist für die Instinkte zuständig. Das Gehirn ist natürlich ein sehr komplexes Organ mit vielen verschiedenen Funktionsbereichen, aber für die Zuordnung zu den Chakren reicht die einfache Einteilung in Großhirn und Kleinhirn zunächst einmal aus.

Das Kleinhirn macht Vorschläge und sendet Handlungsimpulse aus. Man kann es daher dem **Haupthaar-Zwischenchakra** zuordnen – es befindet sich von seiner Funktion her zwischen der Orientierung des Dritten Auges und dem Gesamtüberblick des Scheitelchakras.

III 6. c)   Das Rückenmark

Das Rückenmark in der Wirbelsäule ist die Daten-Hauptstraße im Körper. Sie entspricht ganz offensichtlich der **Sushumna**, die ebenfalls vom Wurzelchakra bis hinauf zum Scheitelchakra reicht.

III 6. d)   Die Nervenbahnen

Die Nervenbahnen durchziehen wie die Blutadern den gesamten Körper. Man kann sie als Entsprechungen zu **Ida und Pingala** (die beiden Lebenskraftkanäle neben der Sushumna in der Mitte) auffassen – zumal es auch bei den Nervenbahnen zwei entgegengesetzte Systeme gibt, die antreiben bzw. bremsen: Sympaticus und Parasympaticus.

III 7.   Das Drüsensystem

Die Drüsen sind meist kleine innere Organe, die bestimmte, spezielle Substanzen herstellen, die im Körper gebraucht werden.

Einige dieser Organe haben so spezielle Funktionen, daß sie fest zu einem der anderen Systeme im Körper gehören und bereits dort beschrieben worden sind: Bauchspeicheldrüse, Leber, Galle und Wurmfortsatz sowie Milz, Eierstöcke und Hoden – wobei diese letzten drei Organe normalerweise nicht zu den Drüsen gerechnet werden.

III 7. a)   Die Zirbeldrüse

Sie befindet sich ziemlich genau in der Mitte des Kopfes auf der Höhe des Dritten Auges am oberen Ende des Rückenmarks. Sie ist nachtaktiv und steuert den Wachen/Schlafen-Rhythmus sowie andere Rhythmen und Zyklen einschließlich des Erreichens der Geschlechtsreife in der Pubertät.

Sowohl ihre Lage als auch ihr Bezug zu den Rhythmen spricht für einen Bezug zum **Dritten Auge**, das wie das Hara (das die Entsprechung des Dritten Auges im unteren Körper ist) ein rhythmisches Chakra ist. Beim Hara findet sich dieser Rhythmus im Tanz, im Kampf, in der Arbeit, im Sex, im Laufen usw. – beim Dritten Auge findet sich der Rhythmus im Wechsel zwischen Extroversion und Introversion, Wachen und Schlafen, Wahrnehmen und Erschaffen usw.

III 7. b)   Die Hypophyse

Sie befindet sich etwas weiter unten und ein Stückchen weiter vorne als die Zirbeldrüse, aber ebenfalls am oberen Ende des Rückenmarks. Sie steuert den Stoffwechsel, das Wachstum und die Fortpflanzung.

Dies sind Vorgänge, die deutlich unbewußter sind als die Vorgänge bei der Zirbeldrüse. Das sind eher Eigenschaften des Halschakras, das für den Selbstausdruck, also für die Eigendynamik des eigenen Systems zuständig ist. Für die Fortpflanzung ist jedoch auch ein Mindestmaß an sozialer Orientierung notwendig, was zum Dritten Auge gehört.

Da die Hypophyse nah am Gaumen liegt, kann man vermuten, daß sie dem **Gaumen-Zwischenchakra** entspricht, das zwischen Drittem Auge und Halschakra liegt – also zwischen den beiden Chakren, deren Funktionen die Hypophyse entspricht.

III 7. c)   Die Schilddrüse

Sie befinden sich vorne am Hals direkt unter dem Kehlkopf. Sie ist zweiteilig, aber in ihrem unteren Bereich wie ein „H" mit nach fast nach ganz unten gerutschten Querbalken zusammengewachsen. Sie steuert den Energiestoffwechsel und ist daher auch für Aktivität und Müdigkeit zuständig.

Da das Halschakra für den sozialen Selbstausdruck und daher auch für das Handeln in der Welt zuständig ist, paßt diese Aktivitäts-Drüse zunächst einmal gut zu dem **Halschakra**.

Bei genauerer Betrachtung der Evolution der Schilddrüse zeigt sich jedoch, daß sie aus den Kiemen der Fische entstanden ist und ursprünglich eine Art „Nahrungsaufnahme-Darm in den Kiemen" gewesen ist. Von dieser Funktion und von dieser Lage her hat die Schilddrüse ursprünglich eher zu dem Gaumen-Zwischenchakra als zu dem Halschakra gehört. Bei dem Wechsel vom Mundbereich zum Halsbereich haben sich allerdings auch die Funktionen dieses Organs deutlich verändert, sodaß dieses Organ mit seiner heutigen Funktion recht klar zum Halschakra gehört.

III 7. d)   Die Nebenschilddrüsen

Sie befinden sich als je zwei kleine Inseln in den beiden Schilddrüsen – insgesamt sind es also vier. Sie regulieren den Calcium-Stoffwechsel im Körper. Sie steuern dadurch u.a. die Erregung in den Muskeln und in den Nerven und gleichen von ihrer Funktion her folglich den beiden Schilddrüsen. Sie werden daher ebenfalls zum **Halschakra** gehören.

III 7. e)   Die Thymusdrüse

Sie befindet sich oberhalb des Herzens hinter dem Brustbein und besteht aus zwei Hälften nebeneinander. Sie produziert Lymphe, die das Imunsystem regulieren und die u.a. solche Zellen abtöten, die sich aufgrund einer Fehlfunktion gegen den eigenen Körper gewendet haben.

Diese Drüse existiert nur bis zum Ende der Pubertät – danach bildet sie sich zurück. Bis zu diesem Zeitpunkt sind so viele Lymphe entstanden, daß sie sich danach durch Zellteilung vermehren können und keine eigene Drüse mehr benötigen.

Diese Drüse hängt offensichtlich mit dem **Thymus-Zwischenchakra** zusammen, das die Identität des Herzchakras mit dem sozialen Selbstausdruck des Halschakras verbindet. Das zeigt sich deutlich daran, daß sie für das Immunsystem zuständig ist, also für die Aufrechterhaltung der eigenen Identität (Herzchakra) bei der Entstehung von Fehlproduktionen von körpereigenen Zellen, die nicht dem eigenen Selbstausdruck entsprechen (Auflösung dieser Zellen).

Mit dem Ende der Pubertät hat der Körper eine ausreichend große Anzahl an Lymphzellen erlangt, die von der Thymusdrüse produziert worden sind – dem entspricht idealerweise das Finden eines stabilen Selbstbildes am Ende der Pubertät.

III 7. f) Die Nebennieren

Sie befinden sich oben auf den beiden Nieren. Sie produzieren Adrenalin und Noradrenalin und regulieren über diese beiden Hormone den Streßpegel im Menschen.

Diese beiden Drüsen steuern die Aktivität des Menschen. Da dies der Identität (Herzchakra) entspricht, die zu aktivem Selbstausdruck (Sonnengeflecht) wird, sollten diese beiden Drüsen wir die Niere selber dem **Wunschbaum-Zwischenchakra** entsprechen.

III 7. g) Die Nebennierenrinden

Sie befinden sich außen an den Nebennieren und regulieren den Wasserhaushalt, den Mineralhaushalt und den Zuckerhaushalt im Körper.

Auch diese Funktion paßt zu dem **Wunschbaum-Zwischenchakra**: Diese Drüsen prüfen, wieviel von welchen Stoffen dem Körper gut tut, und lassen die Nieren das, was zu viel ist, mit dem Urin ausscheiden.

III 7. h) Die Milchdrüsen/Brüste

Sie befindet sich auf der Brust und versorgen das Neugeborene bei den Säugetieren mit Milch.

Von ihrer Lage her könnte man einen Bezug zum Herzchakra vermuten, doch die Brüste befinden sich bei allen Säugetieren, die nicht auf zwei, sondern auf vier Beinen laufen, deutlich weiter unten bzw. hinten in der Gegend des Nabels. Da das Stillen des Neugeborenen nach der Geburt an die Ernährung des Ungeborenen über die Nabelschnur anschließt, ist die Zuordnung des Stillens zu dem **Nabel-Zwischenchakra** ausgesprochen plausibel.

III 8. Die Sinnesorgane

Die Sinnesorgane nehmen die Welt wahr, also das, was der Körper berührt. Das läßt zunächst einmal einen Zusammenhang mit dem Scheitelchakra vermuten, da dies der Kontakt zur Welt ist. Auch das Wurzelchakra könnte beteiligt sein, da dies den körperlichen Kontakt darstellt. Dieser Grundzusammenhang muß jedoch bei jedem der Sinneswahrnehmungs-Organe genauer untersucht werden.

III 8. a) Der Sehsinn

Die Augen befinden sich direkt unter dem Dritten Auge. Sie dienen der Orientierung in der Welt. Da dies die Funktion des **Dritten Auges** ist, gehören sie zu diesem Chakra. Das Auge nimmt Licht wahr.

III 8. b) Der Hörsinn

Die Ohren befinden sich auf derselben Höhe wie die Augen, nur etwas weiter hinten. Auch sie dienen der Orientierung in der Welt. Besonders deutlich wird dies beim Hören im Gespräch, wodurch die Ohren noch eine soziale Komponente erhalten. Sie sollten also ebenfalls dem **Dritten Auge** entsprechen.
Das Ohr nimmt Schallwellen wahr.

III 8. c) Der Geruchssinn

Die Nase befindet sich weiter unten als die Augen und die Ohren und liegt in etwa auf der Höhe des Gaumenchakras. Wie der Geschmackssinn kann der Geruchssinn die Berührung mit verschiedenen Substanzen durch „chemische Analyse" unterscheiden.
Während der Geruchssinn diese Substanzen über die Luft erhält, gelangen diese Substanzen zu dem Geschmackssinn im Wasser, d.h. im Speichel. Jedoch wird auch in der Nase ein Befeuchten der Substanzen benötigt, bevor sie gerochen werden können. Dieser Umstand zeigt, daß die Nase noch aus der Zeit der Fische stammt.
Der Geruchssinn als Kontakt-Sinnesorgan vergleicht die in der Nase angekommenen Substanzen mit den Geruchs-Rezeptoren – wenn eine Substanz zu einem Rezeptor paßt, ist sie identifiziert.

Während die optischen und akustischen Wahrnehmungen an das Großhirn weitergeleitet werden, laufen die Geruchswahrnehmungen erst einmal zu dem Kleinhirn und lösen dort instinkthafte Reflexe aus. Der Geruchssinn ist offenbar sehr alt – das Großhirn ist deutlich jünger als das Kleinhirn. Das größere Alter des Geruchssinnes liegt daran, daß das Riechen kein derart komplex aufgebautes Sinnesorgan wie das Sehen (Auge) oder das Hören (Ohr) benötigt, sondern nur eine recht einfache chemisch reaktionsfähige Haut-Oberfläche.

Der Geruchssinn ist also letztlich eine chemisch spezialisierte Wahrnehmung mithilfe der Haut. Die Wahrnehmungen durch die Haut sind ein „körperlicher Kontakt" und gehören daher zum **Wurzelchakra**. Die Lage dieser auf chemische Wahrnehmungen spezialisierten Hautpartien an einem geschützten Ort im Gesicht verringert vor allem die Entfernung des Sinnesorgans zum Gehirn.

Generell ist die Anordnung der Sinnesorgane am Kopf sinnvoll, da sich Tiere in die Richtung ihres Kopfes bewegen und daher vor allem wissen müssen, was vor ihnen liegt.

III 8. d)   Der Geschmackssinn

Der Geschmackssinn funktioniert wie der Geruchssinn – nur liegen die Sinnes-Rezeptoren im Mund und nicht in der Nase. Während die Nase die allgemeine Umgebung analysiert, prüft der Mund die Substanzen, die nach Nahrung aussehen.

In der Regel steht am Anfang die optische Prüfung der potentiellen Nahrung, dann die geruchliche Prüfung und schließlich die geschmackliche Prüfung. Bei den Raubtieren geht dieser Folge evtl. noch eine akustische Prüfung voraus: ein Beutetier hören.

Für den Geschmackssinn gelten dieselben Überlegungen wie für den Geruchssinn – auch er gehört zum **Wurzelchakra**.

III 8. e)   Der Tastsinn

Der Tastsinn ist die physikalische Variante des Geruchssinnes und des Geschmackssinnes. Er nimmt lediglich die Berührung mit etwas im Außen wahr – sehr wahrscheinlich ist dies das älteste Sinnesorgan. Es ist auch das einfachste aller Sinnesorgane.

Als Aspekt der Haut gehört der Tastsinn zum **Wurzelchakra** – er ist die Wahrnehmung eines körperlichen Kontakts.

III 8. f)   Der Temperatursinn

Der Temperatursinn ist auch eine physikalische Sinneswahrnehmung der Haut und gehört folglich ebenfalls zum **Wurzelchakra**.

III 8. g)   Der Schmerzsinn

Die Wahrnehmung von Schmerzen befindet sich nicht nur in der Haut, sondern auch im Körperinneren – man kann Kopfschmerzen, Leberschmerzen, Muskelkater und noch viele andere innere Schmerzen haben.

Ein Schmerz ist die Nachricht an das Gehirn, daß etwas nicht in Ordnung ist und dringend etwas getan muß. Im Gegensatz zu den vier Haut-Sinnen (Geruch, Geschmack, Berührung, Temperatur) ist der Schmerzsinn etwas komplizierter – er vergleicht einen Ist-Zustand mit einem Soll-Zustand und meldet Abweichungen an das Gehirn.

Schmerzen sind somit eine Selbstwahrnehmung, wobei der allgemein gewünschte Zustand, der dem angestrebten Selbstausdruck entspricht (Sonnengeflecht, Halschakra), mit dem konkret vorhandenen Zustand (Hara, Drittes Auge) verglichen wird. Das Ergebnis sollte sich folglich im **Nabel-Zwischenchakra** und im **Gaumen-Zwischenchakra** befinden – im Gaumen-Zwischenchakra die Wahrnehmung der äußeren Umstände (z.B. eine Verletzungen der Hand) und im Nabel-Zwischenchakra die Wahrnehmung der inneren Zustände (z.B. Seitenstiche beim Laufen).

III 8. h)   Der Gleichgewichtssinn

Dieses Sinnesorgan befindet sich im Ohr und ermöglicht die Orientierung im Raum mithilfe der direkten Wahrnehmung der Schwerkraft. Der Gleichgewichtssinn wird in der Regel in Kombination mit der optischen Wahrnehmung benutzt – man kann zwar auch mit geschlossenen Augen stehen und gehen, aber das erfordert eine größere Konzentration.

Die Orientierung im Raum gehört eindeutig zu den Aufgaben des **Dritten Auges**. Diese beiden Gleichgewichtsorgane befinden sich auch nur geringfügig unterhalb des Dritten Auges seitlich im Kopf.

III 9. Das Lymphsystem

Das Lymphsystem ist der Vorläufer des Blutkreislaufes. Im Körper befinden sich ca. 2 Liter Lymphflüssigkeit, die jeden Tag ca. 2,5-mal erneuert wird. Sie wird in den ca. 70 Lymphknoten hergestellt, von den sich die meisten an verschiedenen Stellen im Leib und einige wenige auch in Armen und Beinen befinden. Die Lymphbahnen durchziehen wie die Blutadern den gesamten Körper. Das Lymphsystem ist am linken Schlüsselbein mit dem Blutsystem verbunden.

Während der Blutkreislauf zentral durch das Herz betrieben wird, gibt es in den Lymphbahnen viele kleine, einfach aufgebaute „Herzen", die die Lymphe weitertransportieren. Sie schlagen ca. 10 mal pro Minute – der Herz schlägt hingegen 50-100 mal pro Minute.

Im Lymphsystem werden die Stoffe transportiert, die sich nur schwer mithilfe des Blutes transportieren lassen wie z.B. ein Teil der Fette (sie sind nicht in Wasser, d.h. in Blut löslich). Die Lymphe transportieren zudem Schadstoffe zu den Lymphknoten, wo diese Stoffe dann unschädlich gemacht werden.

Das Lymphsystem entspricht wie das Adernsystem und das Nervensystem den beiden Lebenskraftkanälen **Ida und Pingala**. Der Transportieren von „schwierigen Stoffen" wie z.B. Fetten vom Dünndarm zu anderen Körperstellen gehört zu dem Transport-Aspekt des „Lebenskraft-Kanalsystems". Der Transport von Schadstoffen zu den Lymphknoten hat hingegen Ähnlichkeit mit der Tätigkeit der weißen Blutkörperchen und mit der Tätigkeit der Niere – was dem Nabel-Zwischenchakra entspricht.

III 10. Das Knochensystem

Das Knochensystem als Ganzes läßt sich keinem Chakra zuordnen. Manchmal gibt es jedoch deutliche Zusammenhänge zwischen einzelnen Knochen und einem Chakra:

- Rückenwirbel   - Sushumna
- Rippen   - Herzchakra
- Schädel   - Scheitelchakra
- Beckenknochen   - Hara

Die Zusammenhänge zwischen den Knochen und den Gelenken an Armen und Beinen zu den dortigen Nebenchakren (Knochen) und Zwischenchakren (Gelenken) sind offensichtlich.

III 11. Das Muskelsystem

Dasselbe wie für das Knochensystem gilt auch für das Muskelsystem – es gibt keine Gesamtzuordnung, aber einzelne Zusammenhänge. Die Muskeln an Armen und Beinen entsprechen den Nebenchakren an ihnen – an den Zwischenchakren finden sich nicht die Muskeln, sondern die Sehnen, die die Muskeln mit den Knochen jenseits des Gelenks verbinden.

Von den Leib-Muskeln lassen sich einige gut einem Chakra zuordnen:

- Bauchmuskulatur   - Hara
- Rückenmuskulatur   - Sushumna
- Halsmuskeln   - Halschakra

III 12. Die Haut

Die Haut ist die Abgrenzung des Körpers zur Welt und zugleich ein Wahrnehmungsorgan der Welt. Dieser körperliche Kontakt entspricht dem **Wurzelchakra**.

IV Chakren und Organe

Die folgenden Betrachtungen gehen von den Chakren aus und ordnen ihnen die Organe zu. Dadurch kann man nebenbei das Chakrensystem besser kennenlernen.

IV 1. Die Chakren und die Organe

Zunächst einmal kann man einfach einmal die Hauptchakren und die Zwischenchakren, durch die die Bereiche der Hauptchakren getrennt werden, aufführen. Dabei kann man 1. Organe, 2. Sinnesorgane, 3. Drüsen und 4. Knochen/Muskeln unterscheiden.

Die Zeile mit dem Herzchakra ist mit einem etwas dunkleren Grau markiert, da dies das Zentrum des Chakrensystems ist.

Zuordnung					
Chakren		**Organe**			
Haupt-chakren	*Zwischen-chakren*	*Organe*	*Sinnesorgane*	*Drüsen*	*Knochen, Muskeln*
Scheitel-chakra		Großhirn			Schädel
	Haupt-haar	Kleinhirn			
Drittes Auge			Nase, Augen, Ohren, Gleichge-wichtssinn	Zirbeldrüse	
	Gaumen	Mund (Essen), Mund (Atmung)	Schmerzsinn (au-ßen am Körper)	Hypophyse	
Hals-chakra		Speiseröhre, Luftröhre		Schilddrüse, Nebenschild-drüsen	Hals-muskeln
	Thymus			Thymusdrüse	
Herz-chakra		Herz			Rippen

51

	Wunsch-baum	Nieren		Nebennieren, Nebennieren-rinden
Sonnen-geflecht		Magen, Zwölffin-gerdarm, Dünn-darm, Blinddarm, Wurmfortsatz, Lunge		Bauchspeichel-drüse, Leber, Gallenblase, Milz, Kno-chenmark
	Nabel	Nabel, Nabelschnur	Schmerzsinn (innen im Körper)	Milchdrüsen/ Brüste
Hara		Blinddarm, Wurmfortsatz, Gebärmutter		Eierstöcke, Hoden	Becken, Bauch-muskul-latur
	Scham-haar	Blase, After-Schließmuskel, Urinöffnungs-Schließmuskel		
Wurzel-chakra		After, Urin-Öffnung, Scheide, Penis, Haut	Geruchssinn, Geschmackssinn, Tastsinn, Temperatursinn	
Sushumna		Adern, Rückenmark, Lymphsystem			Rücken-wirbel, Rücken-muskul-latur
Ida und Pingala		Adern, Harnleiter, Eileiter, Samen-leiter, Nervenbah-nen (Sympaticus, Parasympaticus), Lymphsystem			

In dieser Liste fallen zwei Symmetrien auf:

1. Es gibt zu allen Haupt- und Zwischenchakren ein Organ, Sinnesorgan oder eine Drüse. Von zwei Ausnahmen (Drittes Auge, Thymus-Zwischenchakra) abgesehen gibt es auch überall ein Organ.

2. Die Drüsen liegen in dem Bereich vom Dritten Auge bis zum Hara außer im Bereich des Herzens. Es gibt mindestens eine Drüse zu jedem Haupt- und Zwischenchakra in diesem Bereich (außer im Bereich des Herzchakras).

IV 2.   die zweifachen Organe

Einige Organe treten zweifach auf bzw. haben zwei Hälften. Es ist also naheliegend, die Verteilung dieser Organe auf die Haupt- und Zwischenchakren zu betrachten.

Die zweifachen Organe				
Chakren		**Lage im Körper**		
Haupt-chakren	*Zwischen-chakren*	*rechts*	*Mitte*	*links*
Scheitel-chakra			Großhirn	
	Haupthaar		Kleinhirn	
Drittes Auge		Auge, Ohr, Gleich-gewichtssinn	Nase	Auge, Ohr, Gleich-gewichtssinn
	Gaumen		Schilddrüse, Nebenschild-drüsen	
Hals-chakra				
	Thymus		Thymusdrüse	
Herz-chakra			Herz (zwei Kammern)	
	Wunschbaum	Nieren, Nebennieren, Nebennierenrinden		Nieren, Nebennieren, Nebennierenrinden
Sonnen-geflecht				
	Nabel	Milchdrüsen/ Brüste		Milchdrüsen/ Brüste
Hara		Eierstöcke	Hoden	Eierstöcke
	Schamhaar			
Wurzel-chakra				
Ida und Pingala		Harnleiter, Eileiter, Samenleiter, Nerven-bahnen (Sympaticus, Parasympaticus)		Harnleiter, Eileiter, Samenleiter, Nerven-bahnen (Sympaticus, Parasympaticus)

Die Schilddrüsen und die Nebenschilddrüsen sind hier dem Gaumen-Zwischenchakra und dem Halschakra zugerechnet worden – von ihrer Entstehungsgeschichte her gehören sie zum Gaumen-Nebenchakra und von ihrer heutigen (deutlich veränderten) Funktion her zum Halschakra.

Auch hier gibt es wieder Regelmäßigkeiten:

1. Auch die zweifachen Organe erstrecken sich vom Dritten Auge bis zum Hara – wie die Verteilung der Drüsen. Lediglich beim Sonnengeflecht ist kein zweifaches Organ vorhanden – sofern man nicht Leber und Milz als zwei ähnliche Organe und somit als Organpaar rechnen will.

2. Die zweifachen Drüsen finden sich in diesem Bereich bei den vier Zwischenchakren:

a) Gaumen-Zwischenchakra: Schilddrüsen, Nebenschilddrüsen

b) Thmyus-Zwischenchakra: Thymusdrüse

c) Wunschbaum-Zwischenchakra: Nebennieren, Nebennierenrinden

d) Nabel-Zwischenchakra: Milchdrüsen/Brüste (ursprüngliche Lage der Organe)

Die Zuordnung der zweifachen Drüsen zu den Zwischenchakren ist interessant, weil es dazu eine Parallele in der Yoga-Tradition gibt:
Die beiden Lebenskraft-Nebenkanäle Ida und Pingala beginnen im Wurzelchakra, biegen sich dann nach außen, kreuzen die Grenze zwischen Wurzelchakra und Hara und treffen sich dann wieder im Hara. In der Mitte der Grenze zwischen Wurzelchakra und Hara liegt das Schamhaar-Zwischenchakra, links und rechts davon liegen die beiden Schamhaar-Zwischenchakren.
Dieses Prinzip setzt sich nach oben hin fort: Ida und Pingala kreuzen mit ihren Bögen die Grenzen zwischen zwei Hauptchakren links und rechts von dem Zwischenchakra und treffen sich dann in dem nächsten Hauptchakra wieder, wo sie sich erneut kreuzen.

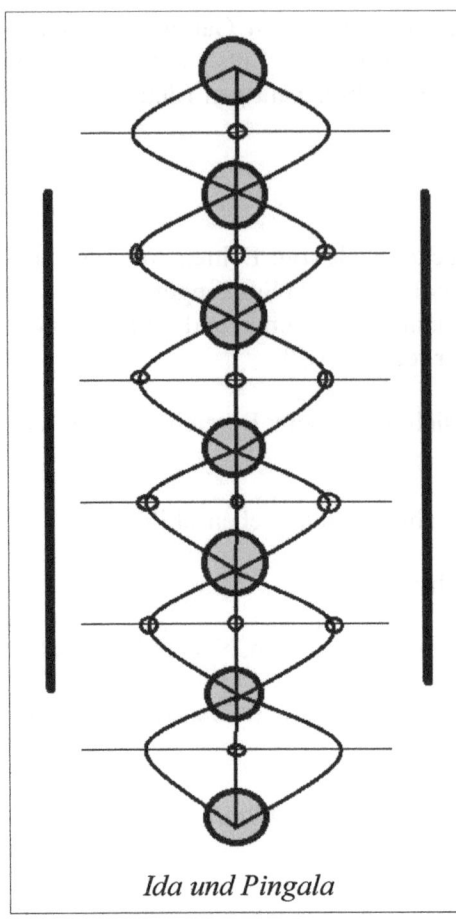

Ida und Pingala

Auf der Graphik links sind die sieben Hauptchakren als graue Kreise dargestellt.

Die beiden dicken Striche links und rechts zeigen den Bereich, in denen die Drüsen und allgemein die zweifachen Organe vorkommen.

Der senkrechte Strich in der Mitte ist die Sushumna, die beiden Schlangenlinien (Bögen) links und rechts davon sind Ida und Pingala.

Die dünnen waagerechten Striche sind die Grenzen zwischen den Hauptchakren. Auf ihnen liegen in der Mitte die Zwischenchakren (Sushumna kreuzt Grenze) und außen die Außenchakren (Ida und Pingala kreuzen Grenze). Diese Chakren sind in der Graphik als kleine Kreise dargestellt worden.

Die zweifachen Drüsen liegen zwischen den beiden dicken Linien im Bereich vom Dritten Auge (2. Chakra von oben) bis Hara (2. Chakra von unten) jeweils auf den Stellen, an denen Ida und Pingala eine Grenze zwischen zwei Hauptchakren kreuzen, also an den Außenchakren:

- oben: Schilddrüse

- 2. von oben: Thymusdrüse

- 2. von unten: Nebennieren

- unten: Milchdrüsen

Hier folgt noch einmal eine zweite Übersicht über die paarweise vorhanden Drüsen innerhalb des Chakrensystems:

Die Lage der paarweisen Drüsen		
rechts	*Mitte*	*links*
	Scheitelchakra	
Haupthaar-Außenchakra	Haupthaar -Zwischenchakra	Haupthaar-Außenchakra
	Drittes Auge	
Gaumen-Außenchakra	Gaumen-Zwischenchakra	Gaumen-Außenchakra
Schilddrüse		*Schilddrüse*
	Halschakra	
Thymus-Außenchakra	Thymus-Zwischenchakra	Thymus-Außenchakra
Thymusdrüse		*Thymusdrüse*
	Herzchakra	
Wunschbaum-Außenchakra	Wunschbaum-Zwischenchakra	Wunschbaum-Außenchakra
Nebennieren		*Nebennieren*
	Sonnengeflecht	
Nabel-Außenchakra	Nabel-Zwischenchakra	Nabel-Außenchakra
Milchdrüsen		*Milchdrüsen*
	Hara	
Schamhaar-Außenchakra	Schamhaar -Zwischenchakra	Schamhaar-Außenchakra
	Wurzelchakra	

IV 3. Die klassische Zuordnung

In den meisten der üblichen Zuordnungen erscheinen nur die Hauptchakren und auch nicht alle Organe. Die vorhandenen Zuordnungen stimmen weitgehend, aber nicht vollständig mit den hier verwendeten Zuordnungen überein.

Die Abweichungen liegen in drei Punkten begründet:

1. in der Einbeziehung der Zwischenchakren,

2. in der Betrachtung der Funktion eines Organs, und

3. in der Untersuchung, an welchem Ort im Körper ein Organ ursprünglich entstanden ist.

Abweichungen		
Organ	*klassische Zuordnung*	*revidierte Zuordnung*
Hypophyse	Drittes Auge	Gaumen-Zwischenchakra
Lunge	Herzchakra	Sonnengeflecht
Bauchspeicheldrüse	Hara	Sonnengeflecht
Dünndarm	Hara	Sonnengeflecht
Dickdarm	Hara	Sonnengeflecht
Nieren	Hara oder Sonnengeflecht	Wunschbaum-Zwischenchakra
Blase	Hara	Schamhaar-Zwischenchakra
Eierstöcke	Wurzelchakra	Hara
Hoden	Wurzelchakra	Hara

Die klassischen Organzuordnungen sind, wie gesagt, unvollständig: Es werden nur die sieben Hauptchakren und die großen Organe betrachtet.

IV 4. Übersicht

Anhand der bisherigen Betrachtungen läßt sich nun eine Übersicht über die Organe und ihre ursprüngliche Lage in Bezug auf die Chakren herstellen.

Einige der Organe wie z.B. die Milchdrüsen haben sich im Laufe der Evolution deutlich sichtbar an andere Körperstellen verschoben. Die meisten Organe sind jedoch an ihrem Ort im Körper geblieben.

Die Lage der Organe in Bezug auf die Chakren		
rechts	*Mitte*	*links*
	Scheitelchakra	
	Großhirn	
Haupthaar-Außenchakra	Haupthaar-Zwischenchakra	Haupthaar-Außenchakra
	Kleinhirn	
	Drittes Auge	
Augen, Ohren, Gleichgewichtssinn	Nase, Zirbeldrüse	Augen, Ohren, Gleichgewichtssinn
Gaumen-Außenchakra	Gaumen-Zwischenchakra	Gaumen-Außenchakra
Schilddrüse, Schmerzsinn (außen am Körper)	Mund (Essen und Atmung), Hypophyse, Schmerzsinn (außen am Körper)	Schilddrüse, Schmerzsinn (außen am Körper)
	Halschakra	
Schilddrüse, Nebenschilddrüsen	Speiseröhre, Luftröhre	Schilddrüse, Nebenschilddrüsen
Thymus-Außenchakra	Thymus-Zwischenchakra	Thymus-Außenchakra
Thymusdrüse		Thymusdrüse
	Herzchakra	
	Herz	

Wunschbaum-Außenchakra	Wunschbaum-Zwischenchakra	Wunschbaum-Außenchakra
Niere, Nebenniere, Nebennierenrinde		Niere, Nebenniere, Nebennierenrinde

Sonnengeflecht		
Lunge, Zwölffingerdarm, Dünndarm, Blinddarm, Wurmfortsatz, Leber, Gallenblase, Knochenmark	Magen, Dünndarm, Knochenmark	Lunge, Dünndarm, Bauchspeicheldrüse, Milz, Knochenmark

Nabel-Außenchakra	Nabel-Zwischenchakra	Nabel-Außenchakra
Milchdrüsen, Schmerzsinn (innen im Körper)	Nabel, Nabelschnur, Schmerzsinn (innen im Körper)	Milchdrüsen, Schmerzsinn (innen im Körper)

Hara		
Blinddarm, Wurmfortsatz, Eierstöcke, Hoden	Gebärmutter	Eierstöcke, Hoden

Schamhaar-Außenchakra	Schamhaar-Zwischenchakra	Schamhaar-Außenchakra
	Blase, Enddarm, After-Schließmuskel, Urinöffnung-Schließmuskel	

Wurzelchakra		
Haut, Geruchssinn, Geschmackssinn, Tastsinn, Temperatursinn	After, Urin-Öffnung, Scheide, Penis, Haut, Geruchssinn, Geschmackssinn, Tastsinn, Temperatursinn	Haut, Geruchssinn, Geschmackssinn, Tastsinn, Temperatursinn

Ida	Sushumna	Pingala
Adern, Harnleiter, Eileiter, Samenleiter, Nervenbahnen (Sympaticus, Parasympaticus), Lymphsystem	Adern, Rückenmark, Lymphsystem	Adern, Harnleiter, Eileiter, Samenleiter, Nervenbahnen (Sympaticus, Parasympaticus), Lymphsystem

IV   Praktischer Nutzen

Eine möglichst präzise Zuordnung der Organe zu den Chakren hat mehrere, recht verschiedene Vorteile:

1. Es ermöglicht ein präziseres, detaillierteres und umfassenderes Verständnis des Zusammenhangs zwischen Bewußtsein, Lebenskraft und Körper.

2. Es kann ein tieferes Verständnis für die Strukturen und die Dynamiken des Körpers entstehen.

3. Die Kenntnis der ursprüngliche Lage der Organe im Körper, bei der die Funktion des Organs noch mit der Funktion des Chakras an demselben Ort übereingestimmt hat, ist das klarste Bild des Aufbaus des Körpers eines Lebewesens. Die physische Seite dieses „Urkörpers" entspricht genau der Lebenskraft/Chakren-Seite dieses „Urkörpers".

4. Die Kenntnis der Veränderung der Lage und Funktion eines Organs im Laufe der Zeit schafft ein besseres Verständnis für das betreffende Organ. Der Weg, den das Organ im Körper genommen hat, zeigt zudem seinen veränderten Bezug zu den Chakren.

5. Die präzise Zuordnung ermöglicht, den Zusammenhang zwischen Psyche (Chakren) und Körper (Organe) besser zu verstehen und dadurch evtl. physische Krankheiten über die Psyche heilen zu können.

6. Gelegentlich ist die Kenntnis des Zusammenhangs zwischen Chakra und Organ auch in der Meditation hilfreich.

Bücher von Harry Eilenstein

„Magie für Anfänger"	Magie

- Telepathie für Anfänger (60 S.)
- Telepathie für Fortgeschrittene (52 S.)
- Telekinese für Anfänger (52 S.)
- Lebenskraft für Anfänger (60 S.)
- Meditation für Anfänger (56 S.)
- Hypnose für Anfänger (56 S.)
- Auto-Movement für Anfänger (56 S.)
- Chakra-Magie für Anfänger (148 S.)
- Astralreisen für Anfänger (56 S.)
- Ritual-Magie für Anfänger (56 S.)
- Mandalas für Anfänger (68 S.)
- Geldzauber für Anfänger (56 S.)
- Liebeszauber für Anfänger (52 S.)
- Evokationen für Anfänger (60 S.)
- Elfen für Anfänger (56 S.)
- Magie-Forschung für Anfänger (140 S.)
- Selbsterkenntnis für Anfänger (52 S.)
- Zahlensymbolik für Anfänger (60 S.)
- Die Sprache des Mondes – für Anfänger (116 S.)
- Zaubergesänge für Anfänger (100 S.)
- Zukunftschau für Anfänger (60 S.)
- Schamanismus für Anfänger (52 S.)
- Astralreisen für Anfänger (56 S.)
- Da'ath-Magie für Anfänger (64 S.)
- Magie für Anfänger – Sammelband I (696 S.)
- Magie für Anfänger – Sammelband II (664 S.)
	- Handbuch für Zauberlehrlinge (408 S.)
	- Tarot (104 S.)
	- Physik und Magie (184 S.)
	- Die Magie-Formel (156 S.)
	- Krafttiere – Tiergöttinnen – Tiertänze (112 S.)
	- Schwitzhütten (524 S.)
	
	Meditation
	- Der Lebenskraftkörper (230 S.)
	- Die Chakren (100 S.)
	- Das Chakren-System mit den Nebenchakren (296 S.)
	- Organe und Chakren (64 S.)
	- Meditation (140 S.)
	- Drachenfeuer (124 S.)
	- Reinkarnation (156 S.)
	- einsgerichtet (140 S.)
	
	Astrologie
	- Astrologie (496 S.)
	- Photo-Astrologie (428 S.)
	- Die astrologischen Aspekte (88 S.)
	- Horoskop und Seele (120 S.)
	
	Kabbala
	- Kursus der praktischen Kabbala (150 S.)
	- Eltern der Erde (450 S.)
	- Blüten des Lebensbaumes:
	   - Die Struktur des kabbalistischen Lebensbaumes (370 S.)
	   - Der kabbalistische Lebensbaum als Forschungshilfsmittel (580 S.)
	   - Der kabbalistische Lebensbaum als spirituelle Landkarte (520 S.)

Bücher von Harry Eilenstein

Religion allgemein

- Die sieben Schritte des Lebens (428 S.)
- Muttergöttin und Schamanen (168 S.)
- Göbekli Tepe (472 S.)
- Die Göttin von Göbekli Tepe (144 S.)
- Totempfähle (440 S.)
- Christus (60 S.)
- Dakini (80 S.)
- Vajra (76 S.)

Ägypten

- Hathor und Re 1:   Götter und Mythen im
  Alten Ägypten (432 S.)
- Hathor und Re 2:   Die altägyptische Religion –
  Ursprünge, Kult und Magie (396 S.)
- Isis (508 S.)

Indogermanen

- Die Entwicklung der indogermanischen
  Religionen (700 S.)
- Wurzeln und Zweige der indogermanischen
  Religion (224 S.)

Germanen

- Die Götter der Germanen (87 Bände)
- Odin (300 S.)

Kelten

- Cernunnos (690 S.)
- Der Kessel von Gundestrup (220 S.)
- Der Chiemsee-Kessel (76)

Psychologie

- Über die Freude (100 S.)
- Das Geheimnis des inneren Friedens (252 S.)
- Das Beziehungsmandala (52 S.)
- Gefühle und ihre Verwandlungen (404 S.)
- einsgerichtet (140 S.)
- Liebe und Eigenständigkeit (216 S.)
- Von innerer Fülle zu äußerem Gedeihen (52 S.)

Heilung

- Die Symbolik der Krankheiten (76 S.)

Kunst

- Herz des Tanzes – Tanz des Herzens (160 S.)

Drama

- König Athelstan (104 S.)

Die Themen der 87 Bände der Reihe „Die Götter der Germanen"

1. Die Entwicklung der germanischen Religion	44. Die Symbolik der Wassertiere und sonstigen Tiere
2. Lexikon der germanischen Religion	45. Die Symbolik der Pflanzen
3. Der ursprüngliche Göttervater Tyr	46. Die Symbolik der Farben
4. Tyr in der Unterwelt: der Schmied Wieland	47. Die Symbolik der Zahlen
5. Tyr in der Unterwelt: der Riesenkönig Teil 1	48. Die Symbolik von Sonne, Mond und Sternen
6. Tyr in der Unterwelt: der Riesenkönig Teil 2	49.a Das Jenseits I – Das Hügelgrab
7. Tyr in der Unterwelt: der Zwergenkönig	49.b Das Jenseits II – Der Jenseitsweg
8. Der Himmelswächter Heimdall	50. Seelenvogel, Utiseta und Einweihung
9. Der Sommergott Baldur	51. Wiederzeugung und Wiedergeburt
10. Der Meeresgott: Ägir, Hler und Njörd	52. Elemente der Kosmologie
11. Der Eibengott Ullr	53. Der Weltenbaum
12. Die Zwillingsgötter Alcis	54. Die Symbolik der Himmelsrichtungen und der Jahreszeiten
13. Der neue Göttervater Odin Teil 1	55.a Mythologische Motive I
14. Der neue Göttervater Odin Teil 2	55.b Mythologische Motive II
15. Der Fruchtbarkeitsgott Freyr	56. Der Tempel
16. Der Chaos-Gott Loki	57. Die Einrichtung des Tempels
17. Der Donnergott Thor	58. Priesterin – Seherin – Zauberin – Hexe
18. Der Priestergott Hönir	59. Priester – Seher – Zauberer
19. Die Göttersöhne	60. Rituelle Kleidung und Schmuck
20. Die unbekannteren Götter	61. Skalden und Skaldinnen
21. Die Göttermutter Frigg	62 Kriegerinnen und Ekstase-Krieger
22. Die Liebesgöttin: Freya und Menglöd	63. Die Symbolik der Körperteile
23. Die Erdgöttinnen	64.a Magie und Ritual I
24. Die Korngöttin Sif	64.b Magie und Ritual II
25. Die Apfel-Göttin Idun	64.c Magie und Ritual III
26. Die Hügelgrab-Jenseitsgöttin Hel	65. Gestaltwandlungen
27. Die Meeres-Jenseitsgöttin Ran	66.a Magische Angriffs-Waffen
28. Die unbekannteren Jenseitsgöttinnen	66.b Magische Verteidigungs-Waffen
29. Die unbekannteren Göttinnen	67. Magische Werkzeuge und Gegenstände
30. Die Nornen	68. Zaubersprüche
31. Die Walküren	69. Göttermet
32. Die Zwerge	70. Zaubertränke
33. Der Urriese Ymir	71. Träume, Omen und Orakel
34. Die Riesen	72. Runen
35. Die Riesinnen	73. Sozial-religiöse Rituale
36. Mythologische Wesen	74. Weisheiten und Sprichworte
37. Mythologische Priester und Priesterinnen	75. Kenningar
38. Sigurd/Siegfried	76. Rätsel
39. Helden und Göttersöhne	77. Die vollständige Edda des Snorri Sturluson
40. Die Symbolik der Vögel und Insekten	78. Frühe Skaldenlieder
41. Die Symbolik der Schlangen, Drachen und Ungeheuer	79.a Mythologische Sagas I
42.a Die Symbolik der Herdentiere I	79.b Mythologische Sagas II
42.b Die Symbolik der Herdentiere II	80. Hymnen an die germanischen Götter
43. Die Symbolik der Raubtiere	